大展好書 好書大展

大展好書 好書大展

趣味心理講座 10

性格測驗⑩

由裝扮瞭解人心

淺野八郎／著
李鈴秀／譯

大展出版社有限公司

ΩΩΩΩΩΩΩΩΩΩΩΩΩΩΩΩΩΩΩΩΩΩΩΩΩ

前　言——從裝扮及行為中所瞭解的真正自己

這是個重「裝扮」的時代。不僅是身上佩帶的東西，連清潔、健康等，也都算在「裝扮」的範圍內。

例如：使用上學前、上班前的寶貴時間做個「晨浴」，就是「好打扮心理」的表現。

另外，在飲食上也儘量的「遠離油膩」；也是怕胖、想苗條的「好漂亮心理」所致。

本書，就是以這樣的時代脈動為背景，以裝扮為主題，試著來歸納一些識透人們性格的方法。

打扮可反映出一個人的性格。藉由裝扮也可看出此人的深層心理。在此，就從髮型、服飾、興趣、行為、習慣等各角度，來檢測你的深層心理。

ΩΩΩΩΩΩΩΩΩΩΩΩΩΩΩΩΩΩΩΩΩΩΩΩΩ

看了此書後，你不僅能發現全新的自己，也能發現朋友的意外一面。

目錄

第四章　表現在禮物上的自我

●下意識中所選擇的——

第五章　表現在行為上的自我

●不知不覺中——

第一章　表現在化妝上的自我

●不知不覺中——

現今是個不僅是女性，連男性也很重視化妝和髮型的時代。人們也逐漸知道，建立起自己的形象與生活，有著很大的關係。

很多人都發現到，「只要稍微改變一下打扮，或換個髮型，就會煥然一新，像變成另外一個人似的」。

捨棄從前的自己，脫胎換骨成為一個全新的自己……。化妝或髮型對人的心理，具有極大的影響力。

Q 1 讓自己煥然一新

有位女性，進到美容院。兩小時後，自美容院走出的她，會是呈現怎樣的髮型呢？

今天正好是星期六。

如果你是該女性，請問你會選次頁的五個髮型中的哪個髮型？

C
B
A

D
E

A 1

表現在改變面貌願望中的各種慾求

〈解說〉

對髮型的喜好，與性格有著很深的關係。當女性想改變髮型時，就表示其有種種的慾求不滿……。也許是有著想讓周遭之人賞識自己的慾求，也許是有著很強烈的不服輸的心情。

〈診斷〉

選A的人

正處於想做些什麼，卻無法做到的狀態。

因此，即使真的如願以償，得以去旅行或休閒時，也無法真正的享受一番。

現今，你首要做的是：重新對興趣、讀書、或工作燃起熱情，再一次的學習從前曾學過的東西。參加講習會、聽演講，也可以給你很大的刺激。

又，今年夏天，你可能會認識你所喜歡的類型之異性，在意想不到的地方，會有想像不到的邂逅。

選B的人

稍把頭髮剪短，且選了一個新款髮型的你，有著想做些什麼的意慾。你的心已蠢蠢欲動，想要花俏一番。

這是大大改變你以往人際關係的機會。原本已無望的事情，或又會重現生機，你也可以試著開始新工作。你的運勢正逐漸增強哩。

你要重視和你相識的人。不妨試著和你初見面就厭惡的異性交往看看，也許會有不錯的結果。

今夏需注意的是，不要單憑第一印象來判斷好惡。

選C的人

處於內心安定，不太有慾求不滿的狀態中。不求大變化，很滿足目前的生活。

現今是，不管做什麼你都能自得其樂的時候。你與任何人都合得來，所以，應過著幸福快樂的生活吧。在錢財方面，只要朝既定目標努力，一定能達成。

又，今夏你可以參加研討會，或參加海外旅行團，你或會認識受你尊敬的優秀男性。稍把單調的生活變得多彩多姿一點吧。

選D的人

現在的你，充滿鬥志，對一般人無法解決的事情，你都鬥志昂揚的想去解決。不過，你若過於大膽，可能會遭遇大失敗。

你若願試著接受你所不喜歡的人，或有可能從中獲得良緣，原本不喜歡的人或會反成為你最欣賞的人。

現在正是實現你自己夢想的時候。今年夏天，你很可能認識夢寐以求的異性，不過，

第一章　表現在化妝上的自我

你也可能會後悔。不要太一廂情願，免得沒有轉圜的餘地。

選E的人

你是屬於會為小事生氣，常與人吵架的類型。

你自認自己做的都是對的，殊不知在他人的眼中，你是個自以為是，我行我素的人。

你最恨自己的想法遭到扭曲，而這也是你和他人常起糾紛之因……。因此，當自己的意見得不到他人的認同時，你最好站在對方的立場來想。

今年的夏天，在你的周圍會出現，你一向所喜歡的男性。可是你卻會被怪異的男性吸引，很奇妙喲！

Q 2 由髮型得知的女人心

你現在的髮型，或目前你最想要改變成的髮型，是下面中的哪一種？

A、長而直的髮型。
B、長而捲的髮型。
C、短髮的髮型。
D、短而有瀏海的髮型。
E、半長捲髮的髮型。

A 2

表現在髮型的深層心理

〈解說〉

在你的心底深處，對當今的自己是有自信？還是抱有不滿？恐怕連你自己都不清楚哩。而這，可從你的髮型和化妝上表現出來。

現今你的深層心理究竟如何呢？

〈診斷〉

A、長而直的髮型

你並沒有什麼不滿或不安，現在正處於安定的心理狀態。你是個有自信又有女人味的女性。

不論是在工作、讀書、戀愛上，只要肯積極的

去做，就會獲得成功。

B、長而捲的髮型

現在的你並沒有什麼不滿足之處，每天都處於平靜、平穩的狀態中。

不過，你對刺激的生活還是蠻期待的。而此時的你，有自己的一套方式在控制你的慾求不滿。

C、短髮的髮型

把一頭長髮剪短的人，表示在心中下了一個很大的決心，且有要予以實現的意志。

而且，你絕對相信，你一心所想做的事情一定會成功。

D、短而有瀏海的髮型

這是所謂的妹妹頭。不論是短髮或長髮的人，很多人都留有瀏海。

可是，採取此種髮型的你，卻沒有察覺到，在你心底深處有著不安和迷惘。

事實上，外表予人漠然、寂寞的你，也捉摸不清自己的心。

E、半長捲髮的髮型

這是快速達到改變印象效果的髮型。

現在的你，有強烈的想變個樣子的願望。對以往的自己沒有自信的你，想讓自己顯得更堅強及更享受人生。

Q 3 髮型是一面心鏡嗎？

占男性的印象中最大位置的就是髮型。請問，你所喜歡的男性，髮型是什麽樣子的呢？

A、中央分邊。

B、左邊分邊。

C、右邊分邊。

D、不分邊。

A3 髮型也可以左右運勢

〈解說〉

一談到人相，很多人會馬上想到鼻子的形狀，或嘴巴的形狀，其實，髮型和頭髮本身的特徵，也能說明一個人的性格和運勢。

說到頭髮，最讓人留下深刻印象的應是顏色吧。

白髮給人的是智慧、安定、成熟的印象，相對的，黑髮則給人年輕的印象。

既是作家，又是「11PM」節目的名主持人藤本義一先生，年紀輕輕時就白了頭髮。為此，他特地把頭髮染黑。對靠著精力和年輕為賣點的藤本先生而言，白髮當然是不利於他的。

由佛洛依德式的心理分析得知：「白髮給人一種，性慾耗盡、精力耗盡的感覺。」年輕女性看到白髮男性會有安心感，不外是在其潛意識裡有著：「在性方面可讓人安心的男人」的想法。

相反的，擁有一頭烏黑頭髮的男性，就易給人在性方面很熱情的感覺。在判斷髮相時，如下的幾點是需注意的。

①頭髮的顏色。

②分邊的方式。

③髮際。

關於顏色前已說明，年輕而白髮多的人，體質較敏感，容易疲倦。

又，頭髮的硬度也是重要的判斷關鍵。頭髮細而柔的人，性格較溫和；頭髮又粗又硬的人，對疾病較有抵抗力。

〈診斷〉

A、中央分邊

從中央分邊的人較固執，不願自己的想法遭到曲解。這種人頗保守，很喜歡干涉他人，常給周遭之人帶來麻煩。此種分法多見於政治家和實業家。

又，這種人多不願依賴他人，喜歡以自己的力量來開拓自己的一片天空。

對於自己所信賴的人，他們也甘願為其獻身服務。如果與之為敵，此種人將是個可怕的敵人，如果與之為友，其將是個得力的助手。

B、左邊分邊

屬於一般型，很有順應力，是能在受侷限的空間中發揮自我的人。

這種人在組織之中，很能伸張自己的實力，且，藉以奠定自己的資格。

C、右邊分邊

屬於幻想家型，很有創意。此種人隨時都在搜集新事物，有遠見也有極佳的靈感。不喜歡被侷限在固定的框框內，感受性很敏銳。

一般說來，左邊分邊的人較喜歡理則性的思考，右邊分邊的人較傾向情緒性的判斷。

D、不分邊

頭髮不分邊的人，是美感極優的人，是重視好友間情感的人。喜歡運動，也很喜歡賭博。對人的好惡很淸楚，不易立刻與對方妥協。

在此，再來說說由頭髮得知的將來性。

頭髮會隨著年齡逐漸變化，其所表現出的個性與運勢也會改變。不只年紀輕輕白了頭髮不好，年紀大頭髮仍烏黑的話，也會減弱運勢的。

頭髮烏黑，髮際又淸楚者，較不易受到長輩或上司的提拔。又，得一直照顧雙親，及為兒女苦勞一輩子。相反的，禿頭的人，年紀愈大運氣會愈好。例如：棒球教練，髮際勻整半禿的人，較能發揮指導力。

髮際不淸楚的人，雖走運的早，霉運也會來的早。

Q 4

為得人緣，塗個這樣的紅唇如何？

出人意料之外的，嘴唇的化妝是相當難的。你應也有這樣的經驗吧！原只想薄薄的塗個口紅，可是卻愈塗愈濃……。

請問，適合於下列的嘴唇之口紅顏色，是哪些顏色呢？

A、大嘴唇。
B、小嘴唇。
C、厚嘴唇。
D、薄嘴唇。

第一章　表現在化妝上的自我

A4 能表現愛之深度

〈解說〉

據佛洛依德的解釋，嘴巴可暗示生活力和愛情深度。尤其是女性，其乃是表示性本身的重要部分。適當的嘴唇化妝，可使人顯得更性感，或改變其印象。

不只是口紅的顏色，嘴巴的大小和嘴唇的厚薄，化妝時都得下番工夫。

〈診斷〉

A、大嘴唇

就人相學來說，大嘴唇說明了此人具有持久力、生活力、外向，凡事都能勇往直前。

在女性愈來愈活躍於社會的現今，健康的大嘴唇的女性，顯然比小嘴唇的女性活躍得多。

此種女性即使結了婚，也不甘心被家庭束縛。在感情的表現上，也多是直截了當的。

化妝時，切記，別把嘴巴畫的更大。輪廓不要太明顯，口紅宜用暖色系的橘色，此乃給予對方好印象的訣竅。

B、小嘴唇

害羞且拘謹，屬於消極的類型。較欠缺表現力、決斷力和行動力，是給周遭之人老實印象的女性。

對異性也因無法捨棄警戒心，而不能直接的表達出愛情。但是，因具有女性化的纖細感，所以很懂得照顧他人，是重視自己周遭人際關係的人。

以男性來看，此種人是能在家守的住的人。化妝時的重點是：用紅色系列的口紅，將上、下唇畫的大一點。

C、**厚嘴唇**

給人熱情的、感官上的印象。此種人既羅曼蒂克又積極，是能為情而生，為情而死的人。上唇厚的女性，對人更是一往情深，為了所愛的男性，會不惜奉獻一切。但是，常有單相思的情形出現。或，因所託非人而遭致始亂終棄。

下唇厚的女性追求愛情的類型，稍有點任性，自我主張很強，一旦事情不如自己所願，就會氣憤不已。若想讓男性視線集中在自己身上，化妝時，宜用粉紅色系列的口粉，將嘴唇畫的小小厚厚的最有效果。

D、**薄嘴唇**

此種唇給人冷靜、冷淡的印象。不過，實際上卻是個很有正義感的人。自尊心很高，不喜歡討好他人，也不喜歡干涉他人。變愛時也不會一頭栽入，陷的太深。如果對方不專情，便馬上與之一刀兩斷，絕不寬貸。

化妝的重點是，以明亮的橘色或紅色口紅，強調嘴唇。

Q 5 你喜歡哪種顏色的口紅？

你知道女性在化妝時，最在意的是哪個部位嗎？不錯，就是嘴唇。但是，口紅的顏色多的讓人眼花撩亂。

請問，你使用的是哪種顏色的口紅？

A、粉紅色系。
B、紅色系。
C、橘色系。
D、褐色系。
E、紫色系。
F、珍珠色。

A 5 採大膽色以有性經驗者為多

〈解說〉

詢以男性「在第一印象中，感到最具女性性魅力的為哪個地方？」時，回答嘴巴的男性很多。

一看到濕潤光滑的嘴唇，男性就會感到一股強烈的性衝動。

佛洛依德對此，有如下的分析：

「看到男性的鼻子會想到性，看到女性的嘴會想到下半身，是因為人往往會自上半身連想到下半身。」

關於口紅和性的關係，也有「性經驗愈多的女性，愈會採用大膽顏色的口紅」之結論。

又，有趣的是，愈是性經驗豐富的女性，使用同一色系的指甲油和口紅的心理愈強。

〈診斷〉

A、粉紅色系

此為最常見的色系，乃表示女性純潔、可愛之色。在初次約會時，很多女性會塗粉紅色口紅。

淡粉紅色和鮮亮粉紅色所給人的印象是完全不同的。淡粉紅色有著一種清純的氣氛，鮮亮粉紅色則較為愛玩的女子所喜用，而不論哪一種，都很吸引男性。

愛用粉紅色系的女性，擅長於向男性撒嬌，對戀愛的期待也很大。平時老實規矩、不太惹人注意的此種女性，一旦嚐到性冒險的樂趣，就會轉身一變成為大膽的女性。

B、紅色系

紅色口紅能強調嘴唇，給人一種成熟的感覺。沒有自信的女性是不會塗此種顏色的口紅的。

C、橘色系

最柔軟，又易讓人感到親近的，就是橘色系的口紅。它不像粉紅色般輕浮，也不像紅色般強烈，而是給人一種中庸的印象。

喜歡這種顏色口紅的女性，很能夠自我控制，具有優異的判斷力。多半是盡忠職守的上班族女郎。

在戀愛方面，此種女性乃是屬於為男性奉獻犧牲的類型，因此，在家庭裡，是個好母親、好妻子。而正因為如此，一旦遭男性背叛，就會妒火難熄。

D、褐色系

不華麗，但給人一種安詳感的，就是褐色系的口紅，喜歡此種顏色的女性，多是對自己的感覺有自信的。不論在化妝上或打扮上，都自有一套。

當然，對流行很敏感，是肯花時間自我磨練的人。

對於金錢、變愛，都能以冷靜的態度待之。對男性也有著敏銳的觀察，理想很高。

MAKE

E、紫色系

自我顯示慾很強，喜歡妝扮後的自己。一般說來，此種人喜歡濃妝艷抹，不論是髮型或打扮都力求引人注意。照著自己的方式過活的此種人，不喜歡平凡的生活方式。給男性不易靠近，不易拉攏上手印象的此種人，反而具有受男性喜歡的不可思議的魅力和個性。

此為屬於女性第一的類型，常要對方照著自己的原則走。

F、珍珠色

喜歡塗有珍珠色口紅的女性，有著明確的自我主張，是富於個性且熱情的人。對於自己的慾望能直接的表現於外，冀望過著自由自在，想做什麼就做什麼的生活。

在戀愛方面，討厭受男性的束縛，有著期待性冒險的強烈心情。不會以一個男性對象為滿足。又，被年輕男性吸引的情形多。

Q6 配配看

1 現在的你留著一頭長而直的秀髮。

你想在星期一頂個新髮型到公司去上班。請問，你會怎樣改變你的髮型？

A　剪成短髮↓往 4

B　燙成半長的捲髮↓往 2

2 上班時，你所使用的皮包樣式，以哪種居多？

A　手提包↓往 3

B　長背帶皮包↓往 5

3 你常穿哪種樣式的襯衫？

A　沒有花樣↓往 6

B　有花樣↓往7

4上班的第一天，你穿的是什麼顏色的套裝？

A　藍色↓往5

B　灰色↓往6

5上班時，你通常穿什麼樣子的鞋子？

A　高跟鞋↓往8

B　低跟鞋↓往6

6你想在領薪時添一套新衣服。請問，你會買哪一種？

A　迷你褲裙式的套裝↓往9

B　一片裙式的套裝↓往7

7你今天穿件藍色的緊身裙。你會穿什麼顏色的褲襪？

A　近象牙色的褲襪↓往8

B　膚色或褐色系↓往10

8你在藍色套裝裡搭了件白襯衫。你會選戴哪種裝飾品？

A　珍珠項鍊↓往10

B　貓形的胸針↓往13

9你穿了件用途很廣的藍色夾克。你會在裡面搭件什麼樣的襯衫？

A　棉質的襯衫↓往10

B　雅緻的襯衫↓往11

10你平均一個月花在買衣服、鞋子、皮包、化妝品等方面的錢，有多少？

A　不滿八千元台幣↓往12

B　台幣八千元以上↓往14

11 你平時上班時的化妝如何？

A　濃妝艷抹↓往12

B　淡妝↓往15

12 你的血型是B型嗎？

A　是↓往14

B　否↓往13

13 你所帶的便當是屬於哪一派？

A　三明治派↓往16

B　飯類派↓往15

14 坐在上司面前的你，腳是如何放法？

A　↓往16

B　↓往C（下圖）

A

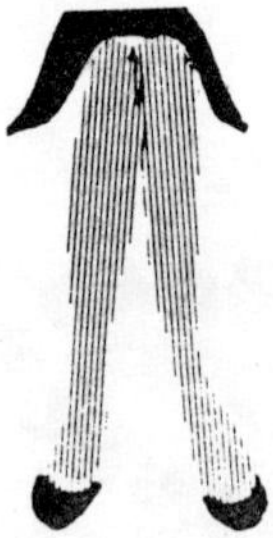

↓
16

B

↓
C

15 你喜歡戴哪一種耳環？

A　大型的。→往16

B　小而不顯目的→往D

16 疲倦時，你會吃什麼？

A　牛奶糖→往A

B　口香糖→往B

A6　瞭解你做為一個OL的適意度

〈解說〉

與周遭合不合拍的感覺，並不單只是打扮上的感覺。重要的是，能否建立良好的人際關係。若只是一味的伸張自己的主張，當然無法在團體中過著很順遂囉。

〈診斷〉

Ⓐ橫衝直撞飛彈型

不喜歡認輸，總是積極的往前衝。但是，往往因衝的過頭，而遭致失敗的命運。

Ⓑ愛國者飛彈型

可說是，凡事都會先訂一合理計劃，然後按部就班去做的現代派。不過，若過於崇尚理想，就會與周遭的步調產生不一致。

Ⓒ八面玲瓏型

總是想把最好的一面呈現在大家眼前，然一旦周遭之人不瞭解其本意，就會焦慮不已，甚至迷失了方向。凡事求和，不樹敵，可是終究無法獲得所有周遭的人認同。

Ⓓ恰如其份型

此為凡事都不喜引人注意的安全型。不管做什麼事都恰如其份，但，有時會因沒有清楚的把自己的意思向對方表達，而引起無謂的誤解，或樹立了想像不到的敵人。與世無爭，安全第一的此類型的人，雖沒有敵人，也沒有真正的朋友。

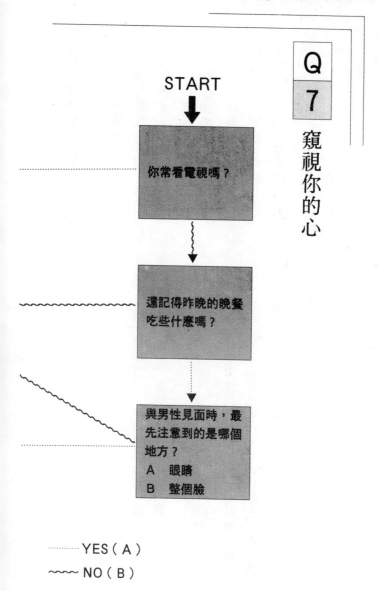

Q 7

窺視你的心

START

你常看電視嗎？

還記得昨晚的晚餐吃些什麼嗎？

與男性見面時，最先注意到的是哪個地方？

A　眼睛

B　整個臉

……YES（A）

〜〜NO（B）

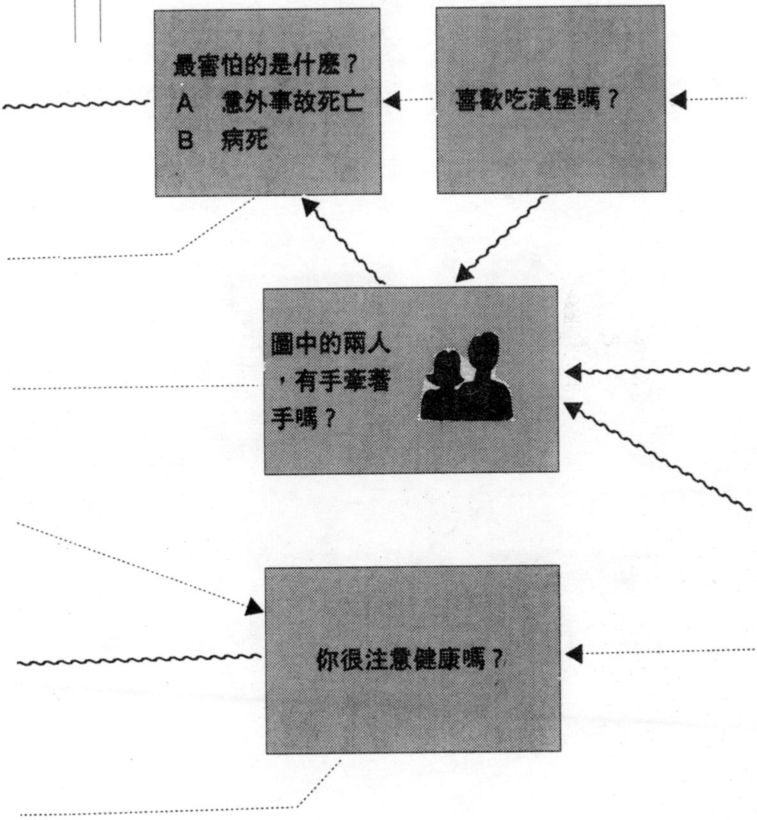
最害怕的是什麼？
A　意外事故死亡
B　病死
喜歡吃漢堡嗎？
圖中的兩人，有手牽著手嗎？
你很注意健康嗎？

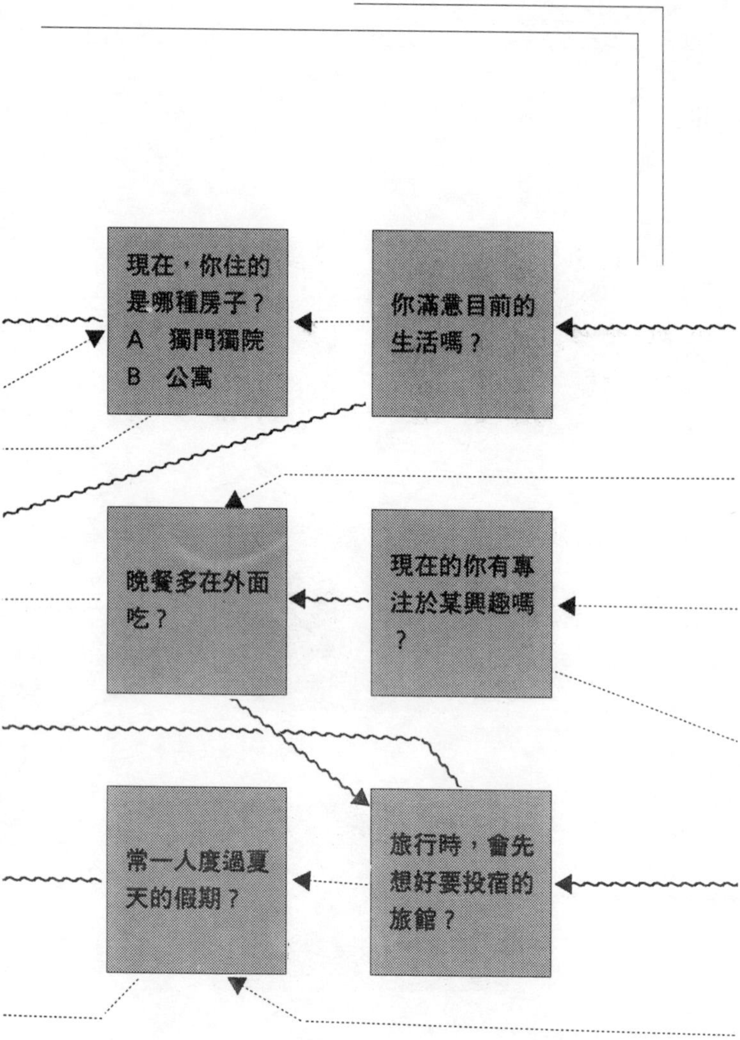
你滿意目前的生活嗎？
現在，你住的是哪種房子？
A　獨門獨院
B　公寓
現在的你有專注於某興趣嗎？
晚餐多在外面吃？
旅行時，會先想好要投宿的旅館？
常一人度過夏天的假期？

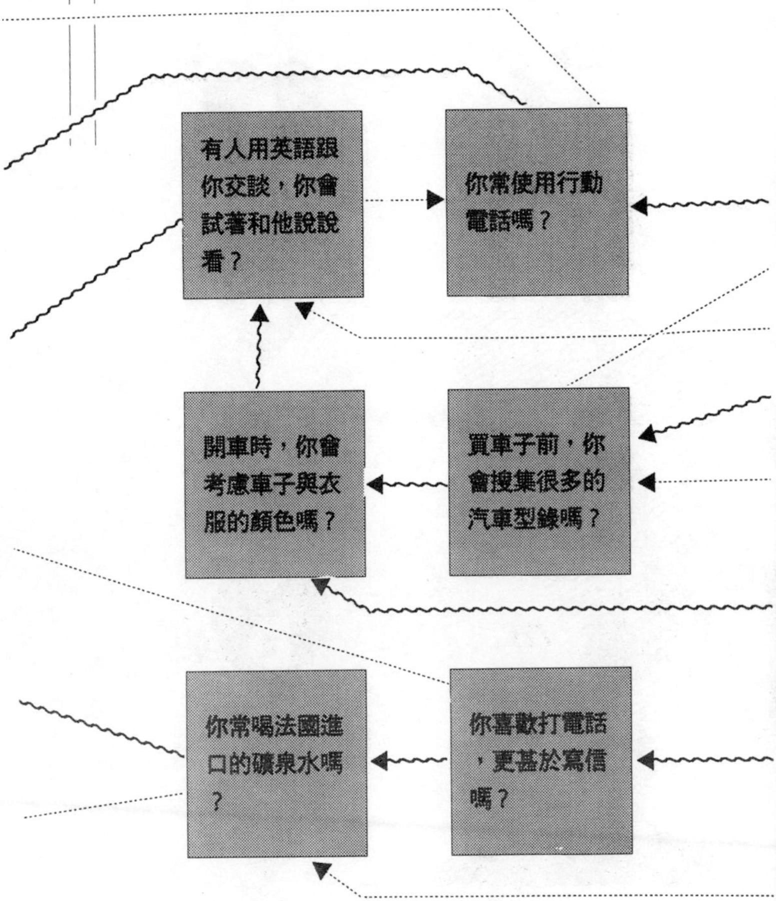
有人用英語跟你交談，你會試著和他說說看？
你常使用行動電話嗎？
開車時，你會考慮車子與衣服的顏色嗎？
買車子前，你會搜集很多的汽車型錄嗎？
你常喝法國進口的礦泉水嗎？
你喜歡打電話，更甚於寫信嗎？

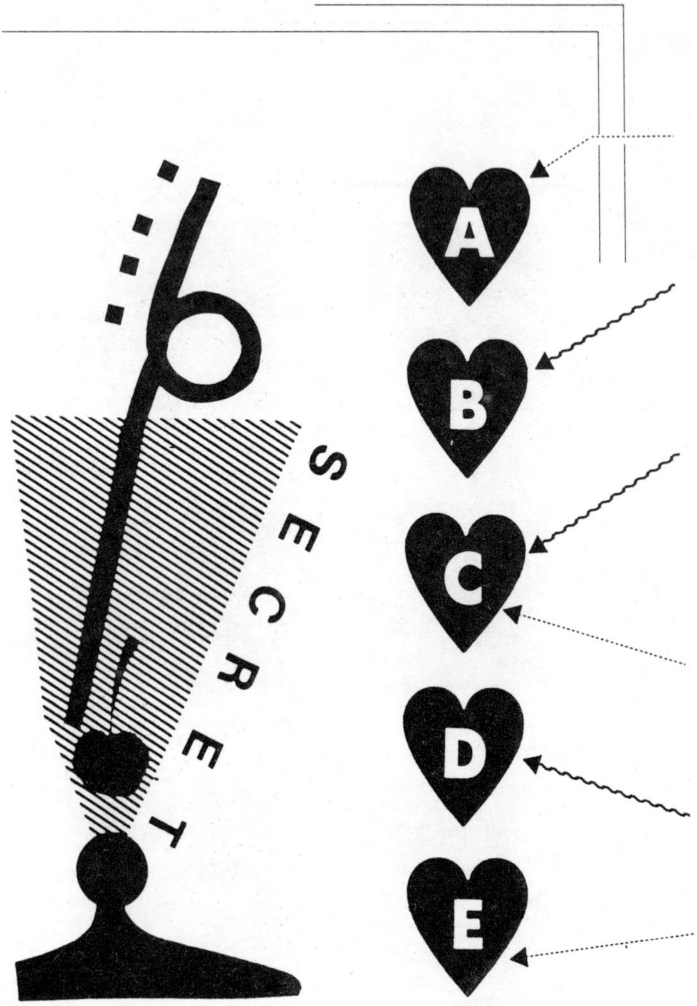
SECRET
A
B
C
D
E

A7 你是屬於法國派？還是美國派？

〈解說〉

洋片電影迷，大別可分為美國電影型和法國電影型。將電影整體的氣氛、主張、結尾等予以類型化的話，就可分為美國型和法國型。依據一個人喜愛的是哪一種，即可大致瞭解此人的行動。

〈診斷〉

A、完全美國派

你對事物的想法和感覺，完全是美國人式的。你有積極的行動力，一有任何的想法就會立刻予以實行。而且，對金錢的感覺很敏銳，此外，有著極佳的直覺力，常能單憑直覺看透對方要求的是什麼。

平日過著是合理化的生活，注重整齊、清潔，在食物和興趣方面，也是偏向美國人式的喜好。

這類型的人會抓住每一個好主意，並把它與現實結合，來加以挑戰，有著相當優越的經營者才能。

B、較偏向美國派

在你的心中，總是希望能立刻掌握住美國式的合理主義和流行。你喜歡用一種大都會的感覺來看待事物，大家所憧憬的東西，你也會為之心動。

對於事物，你第一考慮的是舒適與實用性，而不是漂亮和時髦。這類型的人具有把任何東西商品化的能力，順應力更是超群。能適應、配合時代潮流的，就是這類型的人。

C、混合型

這類型的人，是美國型和法國型的混合。有時候重視的是，美國式的實用性和合理主義，有時候又不太在意這些，而重視法國式的自由創意與靈感。

交遊廣闊，與誰都想交往看看。不注意小節，心胸寬大，且把工作和玩樂分得很清楚。

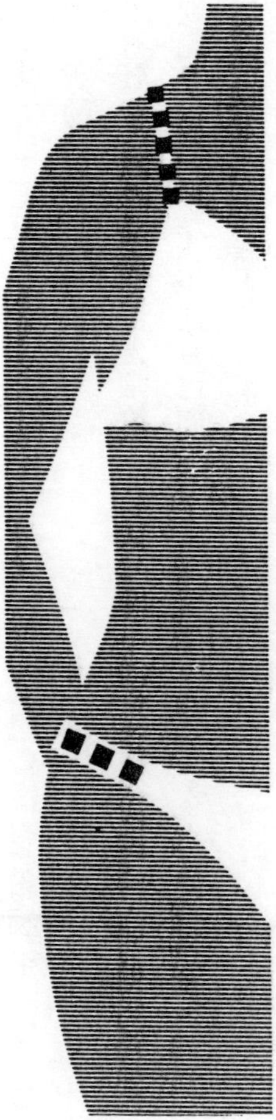

D、較偏向法國派

在這類型的人心底，有著法國式的想法和感覺。但是自己並沒有察覺到這一點，只是在下意識之中，行動多偏於法國式。

此種人不喜歡平凡的事物，目光常放在他人所沒注意到之處。有著優越的美感，很明白自己的優缺點，能巧妙的表現出自己的優點。是個熱情洋溢的人，只要是自己喜歡的事情，絲毫不加計算的就一頭栽入。

E、完全的法國派

討厭受到束縛，把自己和他人分的很清楚的人。

不願干涉他人，也不願受到他人的干涉。

行動時總帶有強烈的自尊，有時，為貫徹自己的想法而與周遭之人發生對立的狀況。

脾氣彆扭，不在乎被認為是個老頑固。喜歡過著自由、悠遊、我行我素的生活，易被美麗的、浪漫的東西吸引。比起理智，更重視靈感。

第二章　表現在打扮上的自我

●不知不覺中——

心理學家魯歇爾，將人對服裝的喜好分為四個類型。

此四個類型分別是：①傳統型，即一般型，②獨創的、有創意的類型，③古典型，④新潮型。

由此，可看出人的各種心理狀態。

Q 1 哪一種是你所喜歡的？

人的穿著，會因要前往的地點和目的而有所改變。不過，在家時的穿著，就會以比較喜歡的穿著樣式來決定了。請問，你平時在家最常穿的是哪一種？

A、牛仔褲。
B、短褲。
C、一件式洋裝。
D、迷你裙。
E、長裙。

A 1 不知不覺中顯露出你的本色

〈解說〉

以對流行的研究而出名的約翰・摩洛曾說：「比起上班或參加宴會時的裝扮，平時，休閑時所穿的服裝，更能在不知不覺中表現出自己。」

在A～E中，你所選擇的服裝，其實正是最能讓你安心的服裝，而這也表示出你自己真正的性格。

又，平時的穿著沒有固定喜好的人，是與人較易配合、妥協的人。

但是，這種八面玲瓏，沒有明確的自我主張的人，也多是擅於自我掩飾的人。

〈診斷〉

A、牛仔褲

具行動力，是能靠著自己開創一片天空的人。活力充沛，不論在工作上或玩樂上，都是精神奕奕、幹勁十足的，同時，也是喜歡做家事，能享受家事之樂的人。不過，若過於我行我素，在人際關係上可能會遭到意外的大失敗。

B、短褲

是個性乾脆，不喜歡受拘束的人。然，具有少女心態未除、稚氣未脫的一面，所以，一旦理想與現實差距過大，就會受到很大的傷害。

不過，其天真無邪、可愛的一面，甚討人喜歡。

C、一件式洋裝

喜歡穿能顯示身材的一件式洋裝的人，即使獨處時，也不會卸去警戒心，是屬於隨時積極表現自己，自我顯示慾很強的類型。在休假日，也是動個不停的人。

喜歡穿寬鬆的一件式洋裝的人，在家裡則能完全放鬆，精神壓力也得消除。

D、迷你裙

對流行很敏感，好奇心也很旺盛，喜歡到處活動，也喜歡工作，若不能如願，就會有所慾求不滿。不肯認輸，為此，會不斷地自我期許、自我砥礪。多半是「我是我」，個性強烈的人。

另外，此種人常會遽下結論——也有急躁的一面。

E、長裙

不管身在何處，都很注重服裝的人，多屬此一類型。隨時都意識到，周遭之人對自己的看法。

穿長裙的人，理由多半對自己的身材和雙腿沒有自信。有著極高的自尊心，唯恐他人知道自己的缺點。因此，對於自己的優、缺點很有自知之明，乃是所謂的乖寶寶型人物。

不過，此種人很重視女性本色，期望過著幸福的家庭生活之心情，比人強一倍。

Q2 衣服是女人的生命

男性在買衣服時，通常只要看了價錢，就能在短時間內決定要不要買。女性呢？則是到處看看，到處問問，才會決定買不買。這乃是因為女性對流行有著強烈的執著心。

我們總會配合著自己的個性來穿著。

今天是星期日，你要出席某宴會或婚禮，你會穿什麼樣的衣服呢？

A、迷你裝。
B、高雅的一件式洋裝。
C、簡單的一件式洋裝。
D、套裝。
E、褲裝。
F、便服。

A2 微妙的心理變化可表現在服裝上

〈解說〉

某美國心理學家曾做過一次有趣的心理實驗。他讓一千位受測的學生，全都穿著黑衣服，梳同樣的髮型，然後，接受一流公司的老練人事主管之面試。結果，老練的人事主管們，無法像以往般的，判斷出學生們的性格和人品。由此可見，初見面時的服裝，對於人的判斷有很大的影響。

經調查，女性在想完全改變自己的生活時，先會改變的是穿著。因此，觀察一個女性每天穿著的傾向，就可知其生活的模式，同時，也可探知她有著何種程度的慾求不滿。

〈診斷〉

A、迷你裝

此乃對自己的美腿有自信的證據。喜歡穿迷你裝的女性，充滿著幻想，具社交性，過著明朗的生活，在宴會上，常是衆人矚目的焦點。

與誰都能坦誠相交，易受到男性的誘惑。

一般說來，迷你裝乃表示對少女時代的一種「鄉愁」，愈是在少女時代，有著很多備受重視體驗的女性，愈有喜歡穿迷你裝的傾向。正因如此，以寂寞和愛撒嬌的女性居多。

此類型的女性總喜歡受人包圍，喜歡熱鬧的場面。

B、高雅的一件式洋裝

喜歡高雅、正式的一件式洋裝的女性，很在意他人的看法和禮節，在想法方面很保守。易受固定觀念的束縛，不會做出大膽的行動。

甚少主動與初見面的人交談，不具社交性。由於過於消極，在宴會上常是孤寂一人的，不過，其實這種人滿溫和的，若能坦誠與之相交，必能得到其深厚的友情。

此種女性有愛慕精英男性的傾向，很重視條件。喜歡傳統式的戀愛。

C、簡單的一件式洋裝

對自己的感覺頗有自信。

常藉飾品、圍巾、皮包等配件的搭配，來表現自己的特色。雖對流行有著高度的關心，卻不會隨波逐流。穿著上的重點為：表現真正的自己。

這類型的女性多為個性開朗、認真之人，與之談話是件快樂的事。雖不顯眼，卻有吸引人的魅力。

D、套裝

穿著套裝予人的印象是：智慧的、高雅的。

穿著正式套裝的女性，乃是對自己有自信的人。在宴會上，能配合當場的氣氛，與人侃侃而談，可說是個社交家。

且，當氣氛過於熱烈時，此種女性會巧妙的把場面冷卻下來。又，其對個人隱私很敏感，一旦碰及此，就會馬上改變話題。

在戀愛方面，也是屬於能理性的控制自己感情的類型。

E、褲裝

乃是喜歡表現自己個性的女性。雖喜歡受人矚目，卻討厭被人指指點點。多有獨特的創意，因此，最討厭受到拘束。個性開朗、活潑，對人的好惡卻很激烈。有著自己的判斷基準，凡與之投緣的人，才會和其交往。

又，不論是與同性或異性，都不喜歡存有任性撒嬌或被任性撒嬌的關係。對於不喜歡的男性類型之邀約，此種女性會斷然拒絕。

F、便服

即使參加宴會也穿著便服的女性，乃以自己是否舒適為第一考慮，不會在意周遭之人的反應。

好活動，稍有男性氣概，在性方面，多為未成熟的類型。少有主動接近男性的心情。

但是，由於與任何人都是坦誠相交，所以在宴席上很易交到朋友。

Q 3 由「紅色」得知你的真意

如果，下圖中的服裝和飾物，有一處必需是「紅色的」，你會在哪樣上選用紅色？

A　飾物或皮帶。

B　大衣或毛衣。

C　鞋子或皮包。

D　做紫和紅的搭配。

A 3

紅色大衣屬幼兒型

〈解說〉

女性很喜歡紅色的商品包裝和紅色色彩。例如：在商品方面，有此強烈傾向的是牙刷和牙刷盒。據說，牙刷之中，賣的最好的是紅色牙刷。

以美國最具代表性的牙刷「固齡玉」來說，就都裝在紅色的盒子裡，而日本的獅子牌牙刷，也是多使用紅色的盒子。

而這與女性在超商或化妝品店，購買紅色包裝的牙刷最多有關。至於男性，需親自買牙刷的機會似乎很少。

此外，陳設在超商架上的食品類，也是以紅色包裝的最受人歡迎，不是紅色包裝的罐頭類之銷路，就奇差無比。另外，不是用紅色罐子裝的化學調味料，也較不能吸引家庭主婦的心。

諸如此般的，女性似都有潛在性的喜歡紅色之傾向。因此，觀察一位女性所具有的東西之中，哪一樣是使用紅色的，就可以判斷該女性的人品和慾求。

〈診斷〉

A、飾物或皮帶

有很多女性，在穿著上很樸實，可是所搭配的飾物或皮帶，卻採大膽的紅色。

此種女性較沒有勇氣穿紅色衣服，但卻稍具有想試試的冒險精神。

周遭之人對其的評語是：老實不會作怪之人，但是，若有機會，她們也想站在華麗的舞台上，成為衆所矚目之人。因此，可說是處於稍有慾求不滿的狀態中。

若是年輕女性，則多有著「灰姑娘情結」，所以，需提防掉入男性甜言蜜語的陷阱中。

B、大衣或毛衣

女性雖有喜歡紅色的傾向，但在年齡或環境等的侷限下，常會壓抑此慾求。在最顯眼的地方，如：大衣或毛衣等，使用紅色的女性，多是具有少女情懷般感性的人。換言之，還殘餘著幼兒天性。

這是希望他人認定自己的存在之意識表現，亦即，期望受人注意之意。

又，年紀一大把仍喜歡穿紅色衣服的女性，乃是希望獲得他人確認自己的女性本質。

C、鞋子或皮包

以有自信、自尊心高的女性居多。

不服輸，做什麼事都是以自己的原則來進行。

具決斷力、行動力，多是期望過著戲劇化人生的女性。在戀愛方面也是熱情洋溢的，若遇到障礙，更會燃燒熱情。

不論在處理工作或私人事務，都會充分的利用時間。結婚後，喜歡變化的性格也是不

RED

變的，因此，不是能完全為家庭奉獻犧牲的人。

D、做紫和紅的搭配

在紫色衣服上用紅色裝飾品來強調色澤的女性，多半具有非常敏銳的感性。只要稍不小心，此種搭配看起來會鑾俗不可耐，且也不太具有平衡感，不過，敢做此種搭配的人，也足見對自己的感覺很有自信。

這類型的女性有著極佳的直覺，常對他人忽略的事物表現關注之心。不過，若過於伸張此種能力，就易與周遭之人起衝突。結果，此種人就會逃避現實，躲入藝術或神祕的事物中。

Q4 當你換上泳衣時……

相較一位女性的平常穿著和泳衣穿著，會有極有趣的發現。因為，藉由一位女性的泳衣穿著，可得知其隱藏在內心的真意。請老實回答，你（或女友）穿的是哪種樣式的泳衣？

A　比基尼。
B　一件式。
C　兩件式。
D　一件式的變化型。

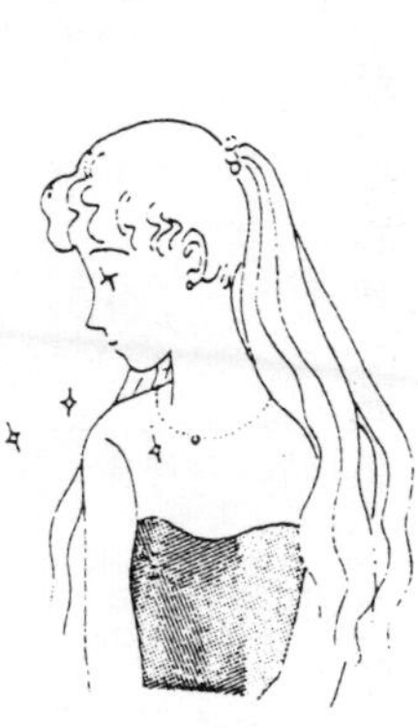

A4 可以發現女性的真意

〈解說〉

由泳衣的穿著上，可了解該女性的「真正慾求」和「對男性的關心度」。一名平日穿著很保守的女子，到了游泳池或海邊，突然換上大膽的泳衣的話，就可知道她有著想要做大膽事情的慾求。

〈診斷〉

A、比基尼

對自己的身材，尤其是胸部，相當有自信。對男性的愛好很分明。不會把不具性魅力的男性做為戀愛對象，有以第一印象來品評男性的傾向。

泳裝秀
1
2
3
4

B、一件式

對自己的身材不太有自信，不過，對臉部或腿部線條卻有自信。若有人誇讚其臉部或腿部漂亮的話，就會歡喜不已。若穿的是有圓珠花樣的一件式泳衣，多半是浪漫主義者，很熱情。不過，在事態緊急時，就會畏縮地躲在他人背後。

C、兩件式

對胸部或臀部有自信的人。在泳衣的穿著上，一般說來，較少人敢穿兩件式的泳衣。因此，敢穿此種泳衣的人，多半是對自己很有自信的人。

不過，這種人不太容易和朋友打成一片，常會獨自一人，顯得有點落寞。

D、一件式的變化型

對自己的姿色沒有自信。但，心裡面卻很希望自己具有魅力。

不肯認輸，常會炫耀自己的職業、家世、學歷，是自我表現慾強的女性。

Q5 你今年想穿什麼顏色的泳衣呢？

接下來，再來探討一下泳衣。你喜歡的是哪種顏色的泳衣？

A 紅色泳衣。
B 黃色泳衣。
C 藍色泳衣。
D 白色泳衣。
E 黑色泳衣。
F 紫色泳衣。

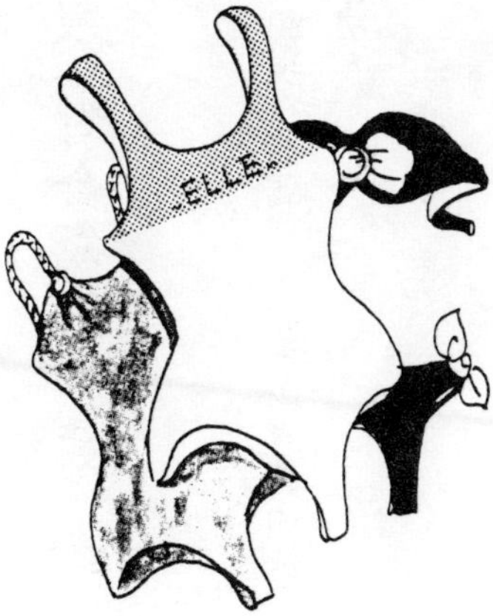

A 5 由泳衣的顏色可知一個人對金錢的看法

〈解說〉

由一個人所喜歡的泳衣樣式中，可知其性格和現在的願望。而，由喜歡的泳衣顏色中，意外的，可透視此人的生活態度及對金錢的看法。

〈診斷〉

A、紅色泳衣

你不會很在乎金錢。屬於用錢爽快，賺錢時全神貫注的類型。非常愛社交，卻頗自我中心，一旦有不如己願的事，就會氣憤不已。

在戀愛方面，很積極，有時會有年輕男性向你表達愛慕之意。不過，你常得不到所愛的男性之心，而，愛你的男性卻是你不喜歡的人。

B、黃色的泳衣

你會憑自己的技術和手邊的任何有用的一切來賺錢。你總是幹勁十足的訂定大目標。不過，有時你也喜歡去賭一把。

你很樂天，除非在金錢上真的有困難，否則不會很在乎錢。

C、藍色泳衣

比起金錢，你更重視精神面。

你常會為他人花光了錢，有時則會因過於虛榮而遭致大失敗。

凡是與金錢有關的事情，總是任憑他人作主。不論是賺錢或儲蓄，都是不在行的人。

D、白色泳衣

你所想要的東西，都是昂貴的東西。總之，你很討厭平凡的事物。

在金錢方面，表面上看起來你很會掌握金錢，事實上，則是常在金錢上遭遇失敗，常會把錢花在不當的地方。

你有著極高的自尊心，對自己的身材和美麗很有自信，戀愛時絕不會先向對方表達愛意。

E、黑色泳衣

喜歡穿著黑色泳衣的人，有著截然不同的兩種類型。一是老實、樸素，不引人注意的人，一則是非常希望引人注目的人。

在金錢方面，很節儉，不會浪費，是能過樸實生活的人。此外，此種人能在好丈夫，好上司的引導下，過著安定的生活。

F、紫色泳衣

你討厭平凡的事物。有著極佳的美感。在用錢方面，持該花則花，該省則省的態度。又，你有靠著自己的技術大大賺錢的能力。

Q6 要進一步認識你

男性的裝扮，最引人注目的就是領帶。
你的他，喜歡的是哪種領帶？

A　大型的領帶。
B　條紋的領帶。
C　有圓點花樣的領帶。
D　名牌領帶。
E　蝴蝶結。

A 6 喜歡打條紋領帶者，性格頑固

〈解說〉

有的男性每天都得打領帶，久而久之，就會有固定喜歡的領帶。若打的不是自己所喜歡樣式的領帶，就會覺得渾身不對勁。而由一個人對領帶愛好，就可憑此判斷其性格。

你不妨試著觀察上司或長輩的領帶，你會發現其中的樂趣。

〈診斷〉

A、大型的領帶

喜歡大型而華麗的領帶的人，有著旺盛的好奇心，隨時都在追求新事物。個性開朗，然因常遭誤解，所以常處於慾求不滿的狀態中。

由於耐心不夠，動輒厭煩，所以，在工作或金錢方面，易蒙受損失。周遭之人對其的評論多是負面的，不適合做個生意人。不過，此種人會依時間、地點、對象來穿著，所以，總是穿的很得體，同時，也是精於玩樂之人。

B、條紋領帶

愛用條紋領帶的人，屬於不脫常識，腳踏實地的類型。生活型態也是屬保守的，很重視自己的外形，會努力維護自己的形象。

由於既慎重又誠實，因此，在生意上頗値信賴。

但是，甚少做大冒險。此外，性格頑固這一點，可說是優點也可說是缺點。

C、有圓點花樣的領帶

喜歡有圓點花樣領帶的人，是浪漫主義者，感情上多半是較穩定的人。很重視朋友或家人，是總不忘以體諒之心來對待他人的人。

給人靈敏、溫和的印象，屬於在內心裡對自己充分有自信的類型。有著極佳的判斷力。

不過，卻很棘於下決斷，結果，有時因而犧牲了自己。

D、名牌領帶

愛用名牌領帶的人，多半是做能引起他人注意的打扮之人，很在乎他人的眼光。繫著名牌領帶，卻不以為意的人，不論在工作上或私下方面，都是處於安定的狀態中。

另一方面，領帶與西裝不搭調的人，則是野心勃勃的人，常會做出偏激的行動，精神上是處於不安定的狀態中。

E、蝴蝶結領帶

除在婚禮、宴會等正式場合外，平日也喜歡繫蝴蝶結領帶的人，有著強烈的自我顯示慾，及極高的自尊心。

多半是靠自己之力經營成功的人，不論是對金錢或名譽，都有很強的執著心。總希望做與他人不同的表現。喜歡繫蝴蝶結的年輕男性，可說是熱情又大膽的人。

Q7　著便服的你，究竟是個怎樣的人

就日常生活來看，你會有何種傾向？請回答下面的問題。

1　年輕女性很喜歡在街頭找算命仙看相。究竟，她們都問些什麼？

A、與情人分手的事情。

B、什麼時候會結婚？

C、家人的疾病。

2 飯糰的中間，你喜歡包些什麽？
A、梅干　B、柴魚　C、鱈魚

3 若能再次投胎，你希望做哪國人？
A、義大利　B、美國人　C、中國人

4 你喜歡下面的哪個字？
A、美　B、和　C、愛

5 吃拉麵時，你最先下手的是什麽？
A、湯　B、麵　C、筷子

6 你在國外租車時，會選哪種顏色的車？
A、白　B、紅　C、藍

7 如果可選擇從最喜歡的年齡開始度一生，你會選幾歲？

A、6歲　B、23歲　C、28歲

8 桌上放有一罐裝果汁。單憑直覺，你認為裡面還有多少果汁？

A、空空的　B、一半　C、滿滿的

9 在外頭，你急著要打電話，可是公用電話亭裡的人，卻講個不停。你會怎麼做？

A、跟他說「對不起，請快點……」

B、算了，另找其他電話。

C、一直等下去。

⑩ 買東西時所找的錢和發票，你是怎麼處理？

A、把錢放入皮包？把發票丟掉。

B、把錢和發票都放在口袋內。

C、確定找的錢無誤後放入皮包裡，至於發票則放在口袋裡。

⑪ 若你必需在明天早上六點起床，你會把鬧鐘定在幾點？

A、剛好六點。

B、六點五分以前。

C、六點十分以前。

12 滑雪場上，有個大洞在現在正在划的男子前面。裡面有隻熊……。你認為滑雪者會怎樣？

A、掉入洞內，遭熊襲擊。

B、有人告訴了他，他遂停了下來。

C、飛過此洞，躲過此災厄。

13 有兩人同要搭電梯。可是電梯裡全是人，只能勉強再容一人。你認為結果是怎樣？

A、兩人都等下一班電梯。

B、兩人都硬擠進去。

C、只有一人擠入。

14 有個男性隨著木船，在海上漂流。你認為接下來他的命運會如何？

A、被浪打翻，慘遭鯊魚吞噬。

B、木船雖翻了，但人被沖到孤島，然後在孤島過餘生。

C、被經過的船救起，然而卻病死了。

15 與他一塊共度生日的你，會選擇哪種餐廳吃飯？

A、飯店最上層的餐廳。

B、成為衆人話題的義大利餐廳。

C、船上的餐廳。

A7 檢查你的生活型態

〈解說〉

有的人認為「明天非得比今天進步不可」，有的人則持「只要平平安安過一生就好」的想法。你呢？你對人生所持的態度為何？讓我們從日常生活中來瞭解吧。

〈診斷〉

請參照左邊的得分表，算出你的總分。

	A	B	C
1	5	3	1
2	1	3	5
3	5	3	1
4	3	1	5
5	1	5	3
6	1	5	3
7	1	5	3
8	5	3	1
9	5	1	3
10	3	5	1
11	5	3	1
12	1	3	5
13	1	3	5
14	1	3	5
15	1	3	5

A型——15～26分
B型——27～38分
C型——39～51分
D型——52～63分
E型——64～75分

A、升級派

你希望過更充實、更有活力的生活，也就是所謂的「生活擴大充實型」。你隨時具有吸收新事物的意欲。又，你會把收入的一半存起來，以為將來做打算。

三、五年後的你定會比現在更快樂。不滿足現狀，不斷朝更高目標奮鬥的人，就是你這種人。

B、安全順應派

你屬於不會勉強，每天都輕輕鬆鬆過日子的類型。你出手不闊綽，也不會去冒險，與人交往也不會太熱心，每天總是順著自己的心意過活。

一旦你碰到投緣的人，就會有說不完的話。吃東西是你最大的享受。總之，你過的是毫不勉強，很自在的生活。

C、休閒派

你是討厭過既平凡又單調生活的人。永遠追求著夢般的生活方式。喜歡運動、旅行，倘若無法如願，就會變得很焦躁。你絕不喜歡過著只為工作忙碌的生活。海外旅行或美食旅行，最能抓住你的心。有時你也想來個完全放鬆的船之旅。

D、文明派

以運動、旅行為享受生活的方式是不能滿足你的。你會在知識領域上更加鑽研，取得一般人所沒有的資格，你追求的是心靈上的滿足。你會以繪畫和音樂來陶冶心情，且會去學多國語言，藉以吸收更多的新知識。

E、期待冒險派

在每天的生活中，你總是追求著驚奇和冒險。你不喜歡被侷限在小框框內，你想要的是自由自在，能發揮自我的生活。你很易對各種事情動心。對於自己的夢想，即使需花費不貲才能達到，也不會放棄。對你而言，最重要的事，莫過於訂立資金計劃了。

自我表現的裝扮——專欄

任誰都有著，想讓對方看到的是有個性的自己之心情吧。

而，人的此種慾求，就稱之為「自我實現」的慾求。

在日常生活中，最能表現出自己的個性，也就是，最能做到「自我實現」的，是化妝或服裝等的裝扮。

例如，喜歡穿戴一流名牌的人，其理由並不在於價格高昂，或很合自己的喜愛，而是在於，受到「希望與一流人物做同樣裝扮」的潛在意識之影響。

換句話說，身穿名牌的人，即想藉名牌來期待「自我實現」。

以「色彩測驗」著名的心理學者魯歇爾曾說：「任誰都有表現自己個性的『表徵』。」此些「表徵」之中，最明顯的就是「好打扮」。若能瞭解「好打扮」的意義，就能了解，人真正所求的是什麼了。

第三章

表現在飾品上的自我

●不知不覺中——

一個人不以所穿的服裝來表現自己為滿足時，就會產生以寶石或飾品來更強調自己的心理。據說，此種心理的大部分，乃是對性的願望之表示。

期望受到異性矚目的人，就會用寶石和飾品來裝扮自己。而此般的願望，不論是哪個年代、哪個民族，都是共通的。

Q1 你喜歡哪種寶石？

除了自己的誕生石之外，如果要穿戴任何的寶石的話，你會戴哪一種呢？不要考慮價錢，請回答出你真正喜歡的寶石。

A、鑽石　B、珍珠　C、紫水晶

D、祖母綠　E、黃玉　F、海藍寶石

G、紅寶石　H、土耳其石　I、藍寶石

J、珊瑚

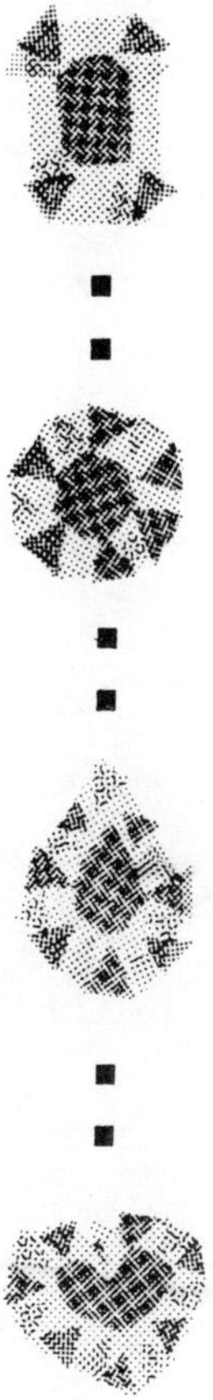

A1 祖母綠派不會受過去所左右

〈解說〉

裝飾品的歷史可說與人類的歷史相當的，足見人類多喜歡以美麗的飾物來裝飾自己。其中，閃閃發亮的寶石尤其受女性喜愛。

對寶石的喜愛，可表現出一個人的個性。另外，寶石也可說是，美、力、財富的象徵，因此，從對寶石的喜愛，也可知道此人的願望，及希望自己在他人眼中是什麼樣的人。

〈診斷〉

A、鑽石

喜歡象徵權力與財富的鑽石的人，是現實的，有著強烈的金錢慾望。又，除金錢外，舉凡一流的事物都是其追求的目標。

凡事多能積極去做的此種人，隨時燃燒著接受新事物的意欲，且，一切的行動都有著明確的目標。

B、珍珠

又被稱為「月之淚」的珍珠，以往都是天然的，非常的珍貴。喜歡珍珠的人，必是純真且優雅的人。

此種人總是以對方的心情和立場來考慮，不會強迫他人接受自己的意見。不過，此種人不是很擅於表現自己，因此，當喜歡某人時，常無法明確的表達自己的心意，所以，也有焦躁不安的一面。

C、紫水晶

喜歡在水晶之中，價格最貴的紫水晶之人，必是優雅的女性。行為雖謹慎，但能自然的表現出自己的個性。腦筋好，想像力、幻想力也很傑出。

多半是喜歡美麗事物，喜愛藝術的人。

D、祖母綠

祖母綠及綠色寶石的代表。綠色愈濃的價格愈高。

喜歡祖母綠的人，一般說來，是開朗樂天的人。即使遇有不悅的事，也會馬上忘卻，個性乾脆俐落，行動時，不會受過去所左右，眼光總是放在未來。

在團體中，總是成為衆所矚目之人，可是，這卻不都在其意識之中。

E、黃玉

喜歡此種美麗黃色寶石的人，討厭被拘束，喜歡表現自己的個性。有著強烈的自我主張，不喜歡受人指使。寧願說，是愛領導他人的人。

對於知識，有強烈的好奇心，也有研究之心。對於他人做不到的事，總是積極的加以挑戰。

F、海藍寶石

喜歡此種淡藍色寶石的人，是個浪漫主義者，是個幻想家。總是懷抱著大的夢想和理想，且以此做為自己生活上的指引。不過，稍有慎重過度的傾向，因此，實行時就顯得行動力不足了。

待人和善，總為對方設想，溫柔體貼，乃是此種人的特徵。

G、紅寶石

紅寶石是代表關係親密的寶石。喜歡此種美麗紅寶石的人，熱情洋溢，有著凡事都想試試看的意慾，很有行動力。

比什麼都重視自己的感覺和所相信的事。不過，由於反抗心強烈，因此，常和周遭之人形成對立。

H、土耳其石

喜歡美麗的土耳其石的人，全身散發著一股謎樣的神秘氣氛。具有獨特的創意，是一開口就讓周遭之人訝異的人。

I、藍寶石

非常認真，忍耐力很夠的人。對於自己的感情和慾求，有著極佳的控制力，是表裡合一的人，很受周遭之人的信賴。

不過，有時候也會不滿自己過於被侷限在某一類型中，而萌生「不要再過此種生活方式」的想法，但，卻沒有勇氣去付諸行動。

J、珊瑚

據說，佩帶珊瑚有避邪的作用。很多人是迷上其溫潤的色澤。

喜歡珊瑚的人，多半喜歡神秘的事物，如：占卜、宗教。

這種人很重視直覺，常會有想像不到的靈感，乍見之下，此種人滿柔弱的，其實內心是很剛強的。

Q 2

戒指的表徵為何？

請注意一下你，或周遭女性的手指，請問，你手上戴的是哪種戒指？

A、大戒指。
B、戴在食指上的戒指。
C、戴在小指上的戒指。
D、一根手指上戴兩個戒指。
E、珍珠或鑽石戒指。
E、特殊的戒指。

A 2 透視心理狀態

〈解說〉

以心理學的角度來看裝飾品，其就不只是擔任裝飾的角色而已了。裝飾品乃是告訴他人，自己想強調身體的哪個部位，或對什麼懷有憧憬的表徵。例如：目前所流行的大耳環，正說明人們對「耳朵」的意識升高了。「耳朵」並不只有「聽」的作用，大耳環就是此種「自我主張」的表徵。

又，戒指也是瞭解女性的自我顯示慾或內心的重要線索。只要看一名女性在哪個手指上戴什麼樣的戒指，就可知道該女性處於什麼樣的心理狀態之下。

〈診斷〉

A、大戒指

此種女性有強烈的自我顯示慾，有時會有大膽的作風，喜歡與人聊天，易陷於歇斯底里的狀態。由於自尊心甚強，所以，不輕易接受男性的邀請。

尤其是在中指，戴個很顯眼的大戒指的女性，常會讓男性吃鼈。中指是所有手指中最顯眼的一指，把大戒指戴在此手指上的女性，當然有著表現自己的慾望，其好打扮的程度也很高，在服裝上自然很講究，是希望吸引異性注意的女性，在性愛上也多是相當大膽之人。

B、戴在食指上的戒指

食指是手指中最常動的手指。也是自我表現

之指。把戒指戴在此指上的人，當然有著強烈的自我顯示慾。

將戒指戴在食指上的人，有著讓人看其手指生動動作的意識。戒指戴在食指上的女性，多為喋喋不休，表現力很豐富的女性。有時，甚至會說出秘密的戀情。

C、戴在小指上的戒指

以具有個性的女性居多。不喜歡受到束縛，因此，容易見異思遷。如果，在小指上戴個異常大的戒指，毫無疑問的，表示追求的是性方面的刺激，這類型的女性，常會在旅行時，談場萍水相逢的戀愛，或陷入一場不道德的戀愛。另外，小指戴戒指的男性，對性很關心，多是注重打扮的花花公子。

D、一根手指上戴兩個戒指

具有保守的心情，與進步的心情，而此兩種相反的心情常在內心裡起衝突。尤其是在小指上戴兩個戒指的女性，有旺盛的莫名之好奇心。

此種女性雖期待著受男性邀約，卻沒有勇氣去赴約。在金錢方面也有強烈的慾求，不喜歡平凡，是個自立心很高的人。

E、珍珠或鑽石的戒指

一般說來，小小的戒指表示謹慎的性格，不願意將自己的慾望直接表現於外。此為非常平凡的類型。但是，若在無名指上戴此種戒指，就是想把「我是很嫻淑」的訊息傳給周遭的表徵了。

此種人求的是安全第一，不會勉強去做任何事。因此，不會見異思遷，有著重視名譽和地位的傾向，也有極高的道德觀。

F、特殊的戒指

戴著外形獨特的「紅色」或「金色」的顯眼戒指之女性，表示懷有想改變現在生活的大夢想。尤其是，雙手上都戴著大而顯眼戒指的女性，對性的冒險和愛情慾求都很強烈。

此種女性多半很頑固，不喜歡受人指使，總希望是衆人矚目的焦點。

Q 3 你喜歡哪種項鍊？

胸口是最引人注意的一個部分。
你愛戴的是哪種項鍊呢？

A、昂貴而華麗的項鍊。
B、粗的黃金項鍊。
C、簡單的項鍊。
D、心型的項鍊。
E、好幾條串在一起的項鍊。

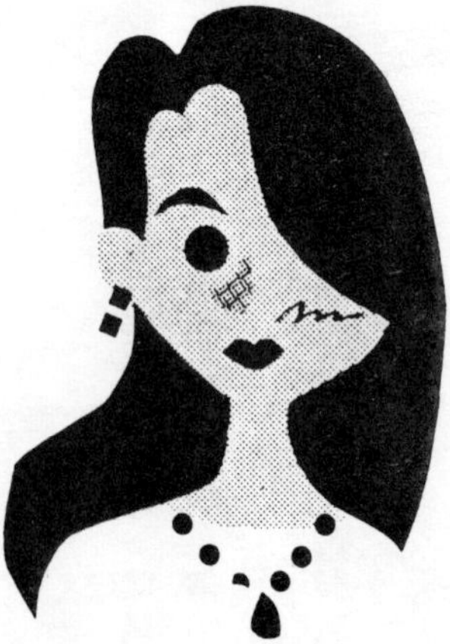

LOVE

A3　檢查你的自尊心和自我主張度

〈解說〉

女性常會藉飾物來使得自己看起來更美麗。尤其「頸部」是表現女性自尊的部分，說明了自己有著精英份子的意識。戴在此部分的飾物就是項鍊，亦即，項鍊是得知一個人自尊心強度的關鍵。

〈診斷〉

A、昂貴而華麗的項鍊

就如同勳章般，戴在頸部的項鍊愈是昂貴、華麗，愈表示此女性有著愈高的自尊心。對男性會採取高壓的態度。

B、粗的黃金項鍊

PRIDE

多半是對金錢或物質有著強烈的慾求，戀愛時也是會提出很高條件的人。感情的起伏很激烈，一旦自尊心受到傷害，就會轉而攻擊對方。

C、簡單的項鍊

雖有很高的自尊心，卻不會將它表現於外，是個聰明的女孩。有收入的女性，及對自己的能力有自信的女性，多半喜歡戴樣式簡單，價錢昂貴的項鍊。

D、心型的項鍊

不論在哪方面都不擅於表現自己，多為老實的女性。戀愛時，也是屬於熱情內斂型。喜歡比較可信賴的男性。

E、好幾條串在一起的項鍊

雖有強烈的自我顯示慾，可是多半的情形是，自己的魅力不受周圍的人理解，因此，處於慾求不滿的狀態中。

Q 4 女人以香水味決勝負

女性常說：「汗流浹背的男性，渾身散發著男人氣味。」但是，卻少有著男性會說：「喜歡汗流浹背的女性。」說起來，渾身散發香水味的女人，終究是較討人喜歡的。

請問，你在跟他約會之前，會噴哪一種香水？

A、香味清淡的香水。
B、香味濃烈的香水。
C、一流名牌的香水。
D、一般香水。
E、不噴香水。

A4 由喜好的香水表示其憧憬

〈解說〉

據說，法國路易士十五的愛妃非常喜歡香水，每天以擦不同的香水為樂。當時的貴婦人們，競相在漂亮的信紙上灑些香水，然後創出一些與香水有關的話寫在上面，分贈他人。

現今是一個選擇香水，如選擇外出服般重要的時代。香水，給人一種可把自己傳達給對方，或可支配對方的錯覺。

〈診斷〉

A、香味清淡的香水

不喜歡香味濃烈的女性，多半是較沒有自我主張的老實人。不論對什麽事，都抱持著不勉強的態度，對於他人，總是儘量配合。因此，少有被人嫌，被人責罵的情形發生。

與異性交往時，也是努力的配合對方。因此，對大男人主義的男性來說，這種女性是他們列為結婚對象第一考慮的人。

B、香味濃烈的香水

喜歡離開屋子後仍留有餘香的濃烈香水的女人，非常自信，且有著明確的自我主張。富冒險心，常向新事物挑戰。對流行也很敏感。多半是嫉妒心強的人。

C、一流名牌的香水

愛用馬上就讓他人知道是名牌香水的人，討厭平凡，喜歡賣弄智慧和氣質。是具有精英意識的人，不過，也有人與此正相反，是具有精英情結的人。

此種人大多在談吐和舉止上，表現的很高雅。

SUCCESS

D、一般香水

喜歡一般香水的人，乍見之下頗老實，其實是個在哲學、宗教方面頗有研究，信念自成一格的人。這種人很受同性朋友歡迎，只要有他在場，氣氛就會很熱絡。與他聊天總是件令人愉快的事。

E、不噴香水

不喜歡香水的人，是我行我素的自然派。多半認為只要有香皂、洗髮精的香味就夠了，是屬於乾脆、爽快的類型。此種人也不會追求少女式的夢想和浪漫，是自然主義派。

對於男性，此種人也不會有過度的期待，他會如實的接受一個人，所以，與男性和女性都有甚廣的交際，是可以值得信賴的類型。

Q 5 你對屋子的看法

只有你一個人在家時，你都做些什麼？聽唱片？看電視？寫信？還是想你的他呢？

只有你一個人在的屋子，是個完全自由的空間。請邊想像那時的情景，邊看下一頁的圖，回答各問題。

1 現在，沒有人在這房裡。可是，5分鐘後會變成怎樣？請想一想。

A、全家人都到此用餐。
B、有個女子到此看電視。
C、沒有改變，沒人到此。

2 你認為房裡的電話是什麼顏色？

A、白。

B、黑。

C、其他。

3 你認為房裡的時鐘指的是幾點鐘？

A、9時。

B、6時。

C、3時。

A 5 瞭解明天的你

〈解說〉

讓事物具有故事性的測驗，在深層心理學上，具有非常大的意義。特別是，從中可瞭解此人今後的情形。

〈診斷〉

請查照1～3各問題所得的分數。依總分，可分為A～E五種。

測驗＼答	A	B	C
1	1	3	5
2	1	3	5
3	3	1	5

A　3分

B　4～7分

C　8～11分

D　12～14分

E　15分

A、活力充沛型

充滿活力，對任何事都有想做做看意慾的類型。你對任何事都想親眼看看，親手做做，你總是鬥志昂揚，幹勁十足。

因此，無事可做時，你就會焦躁不安。現在的你，在工作上或讀書方面，表現得很出色，周遭之人也都很樂意幫助你。不少人認為，跟你在一起，自個兒也會變得精神奕奕，幹勁十足。

B、活力一般型

你是屬於在待人處事方面，還算可以的類型。你有好奇心、與人交往非常活潑，易與大夥一塊起哄。

遇有困難時，你會耐心的加以處理，不會輕易放棄。

又，對於新事物，你也總是興緻昂然的加以挑戰。與朋友一起合作時，你尤其表現的努力不懈。

C、情緒忽晴忽陰型

你的情緒忽晴忽陰，很易為點小事，把原本活潑且快樂的心情，轉換為陰暗、消沈的心情。

你對任何事易有厭煩的毛病。你常常在前一刻還很熱心的想做些什麼，但不一會兒，又變得毫無興趣，或者，有時表現得有幹勁，但一下子又洩氣了。

周遭之人對於你的善變很不以為然。如果你想得到周遭之人的信賴，就得好好控制自己的情緒。尤其要注意和朋友的講話態度。

D、無用消極型

你常在做一件事之前，就否認了自己的能力，且絕對不勉強自己。你總是一副無精打采的樣子。

你總是未做之前就畏縮，其實，只要你稍具行動力，想法更樂天點，你能做好任何事的。

不論遇到多困難的事情，只要抱持著「試試看」的輕鬆心情加以挑戰，成功的機會就會大的多。又，對你來說，異性的勉勵之詞具有很大的刺激作用。

E、富個性的創意型

在他人的眼中，你是個頗彆扭的人。

你總是注目那些一般人沒留意到的事，常常嘗試做些奇怪的事，可是，卻一事無成……。但是，你若能好好應用你的想像力，將會比誰更閃閃發亮，擁有讓周遭之人驚奇的大成就。

只要你對自己有信心，終究會散發出極大的光芒。

不過，你若對自己失去信心，會比任何人更消沈、更頹廢。

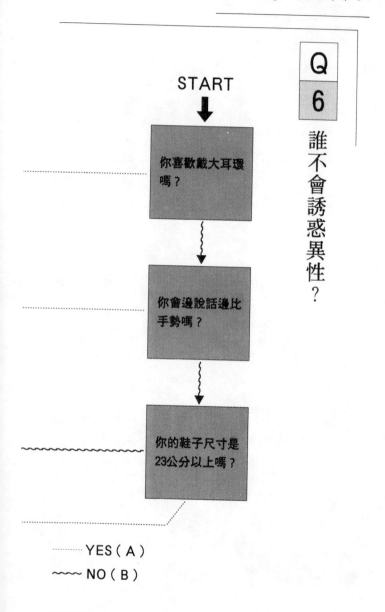

Q 6

誰不會誘惑異性？

START

你喜歡戴大耳環嗎？

你會邊說話邊比手勢嗎？

你的鞋子尺寸是23公分以上嗎？

……… YES（A）

～～～ NO（B）

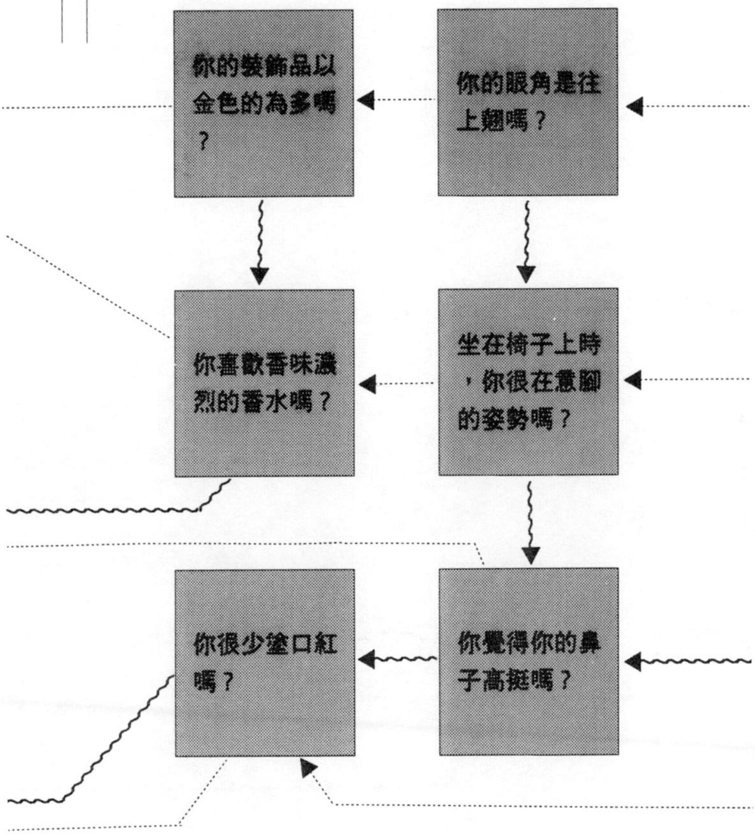
你的裝飾品以金色的為多嗎？
你的眼角是往上翹嗎？
你喜歡香味濃烈的香水嗎？
坐在椅子上時，你很在意腳的姿勢嗎？
你很少塗口紅嗎？
你覺得你的鼻子高挺嗎？

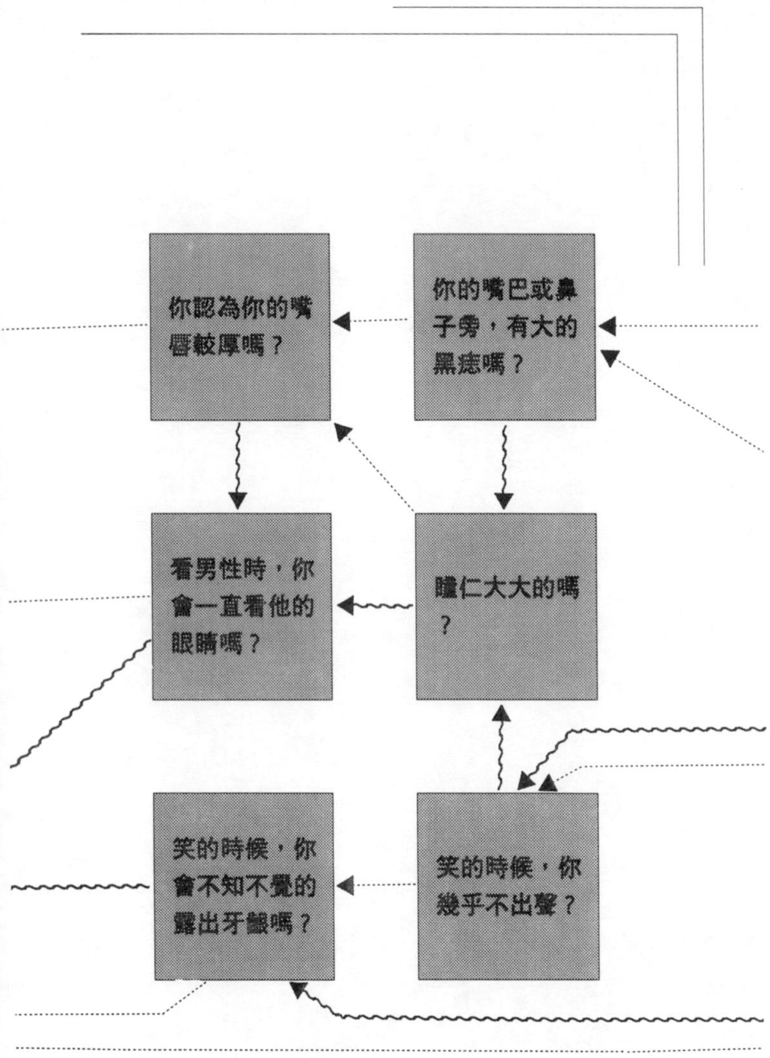
你的嘴巴或鼻子旁，有大的黑痣嗎？
你認為你的嘴唇較厚嗎？
瞳仁大大的嗎？
看男性時，你會一直看他的眼睛嗎？
笑的時候，你幾乎不出聲？
笑的時候，你會不知不覺的露出牙齦嗎？

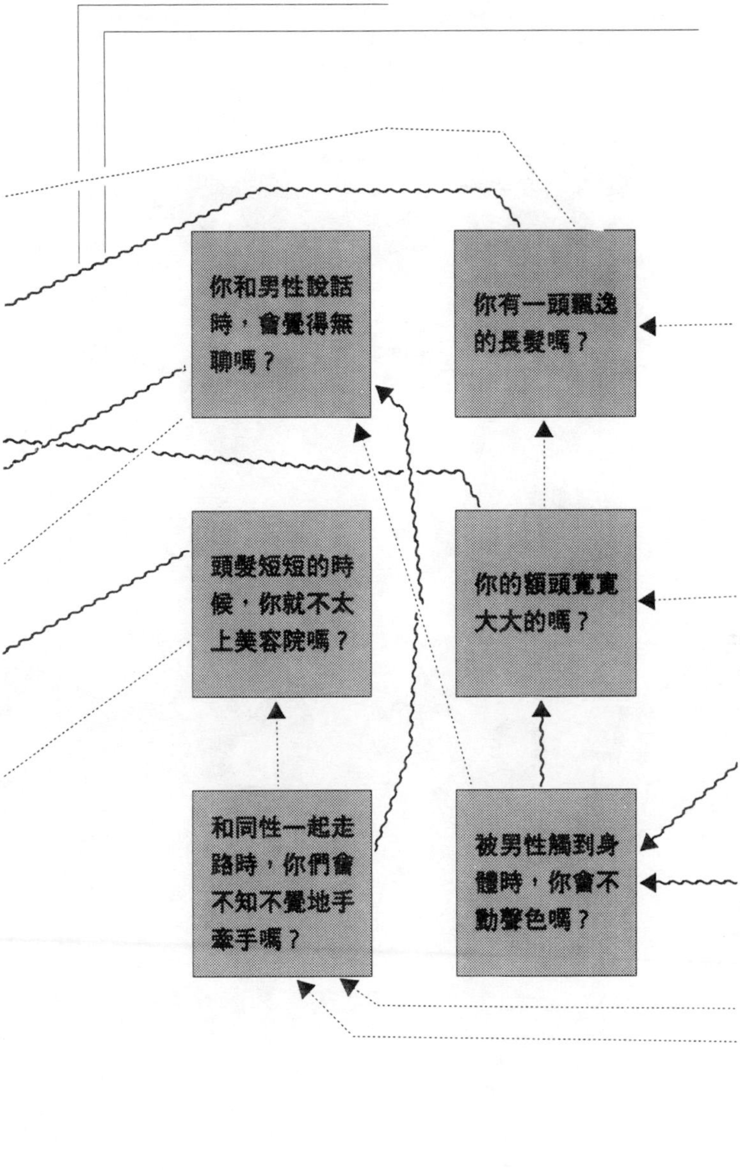
你和男性說話時，會覺得無聊嗎？
你有一頭飄逸的長髮嗎？
頭髮短短的時候，你就不太上美容院嗎？
你的額頭寬寬大大的嗎？
和同性一起走路時，你們會不知不覺地手牽手嗎？
被男性觸到身體時，你會不動聲色嗎？

EYE
LOVE
A
B
C
D
E

A6　瞭解你的性感度

〈解說〉

女性，即使只是不做聲的坐著，也能傳送各種信號給男性。有時候，對方甚至會感受到自個兒都沒有想到的意思。

〈診斷〉

A、顯露的性感

在性感的表露方面，你是無人可比的女性。任何男性看到你，都會感受到刺激。你常被莫名奇妙的男性直盯著看。且，你常會接到無聊男子打來的電話。

當你穿著大膽泳衣或擺出大膽姿勢，對男性來說，簡直是擋不住的誘惑。任何一個男性看到你，都有可能變成色狼。你所散發的性感就像具有魔力般，令周遭的男性都為你瘋狂。

B、隱藏的性感

你是會直接對性表露拒絕反應的人。雖然如此，你的行為或嘴唇，卻深深吸引著男人的心。曾經與你接吻過，或曾經擁抱過你的男性，必成為你的俘擄。尤其是戀愛經驗少的男性，更是視你為性感女神。

你談話時的神情、笑容……，任何一個動作都性感十足。即使你穿的是長裙而不是迷你裙，但，單只要看你的腳踝，就讓人感到魅力十足了。

C、普通的性感

你是能充分發揮一般女性所具有的魅力的人。不僅如此，你的談話神采和身上所散發的香水味，都刺激著男性。

你雖具有很棒的性魅力，可是，有時也會因不知如何善加表現，以致無法全部發揮出來。只要你多注意你走路方式、笑容等，你就可以成為更性感、更吸引人的女性了。現在的你，是所謂的「安全」女性。

D、神秘的性感

像你這樣不可思議的人，實在少見。

乍看之下的你，純潔的像處女般，不會給周遭男性性感的感覺，可是，對某種男性來說，你是見一面就難忘的，具有性刺激感的女性。

你雖不具有一般所謂的性感，卻具有被神秘氣息包圍的奇妙性感。尤其是，情場老將看到了你，會有想抱抱你的衝動。

E、在同性眼中是性感的

在你的心中某處，有著普通男性所無法滿足的慾求，因此，普通的男性覺得你並沒有什麼魅力。可是，在女性眼中，卻是性感無比，妳具有讓她們都想成為你那樣的女性的魅力。

妳也是女同性戀者所喜歡的「對象」。比被男性領導，妳更具有領導男性的心情。你的行為表現具較男性作風，而非女性化作風。

由顏色所獲知的心理——專欄

討厭紅色的人

討厭紅色的人，常會有一種別人都不會，唯獨自己的感情受創的感覺。因此，易對能給與自己心靈上安定及有包容力的異性傾心。

討厭橘色的人

一般說來，橘色是很多人所討厭的顏色。討厭橘色的人，不喜歡過平易的生活，不喜歡過只有外表沒有內容的生活。這種人，多半是拘謹的人，對任何事都會積極地努力以赴。技術者、研究者等，常是其代表之人。

討厭黃色的人

討厭黃色的人，多為不脫常識的現實人物。這種人不會做羅曼蒂克的幻想，而是個認真、腳踏實地的人。

在職業方面，較適合做個教師、技術者、公司職員、ＯＬ等。

討厭紫色的人

討厭紫色的人，多半是理智型且感覺敏銳的人。對文學或音樂，常會給予銳利的批評。討厭這種顏色的人，也是個討厭孤獨的人，因此，易對興趣一致的異性傾心。

討厭灰色的人

厭倦每天平穩且單調的生活。這或許是對自己本身的個性有所不滿吧？

這種人對任何刺激都非常嚮往。就這點來看，其易對以往從未交往過的類型之異性傾心。

討厭黑色的人

之所以討厭黑色，應與此種顏色給人陰森、晦暗的印象有關吧。它與夜晚一樣，易讓人心生恐懼。討厭黑色的人，經常都希望能擁有自由，不喜歡受命運擺佈。

這種人，易對頭腦清晰、性情沈著的異性傾心。

討厭藍色的人

藍色給人一種「沈著」的印象。討厭這種顏色的人，是個心情不定，易為小事焦慮不已的人。這種人，都非常希望能過著自由奔放，不受拘束的生活。

因此，易對能理解其心之所嚮的異性傾心。

討厭茶色的人

此種顏色是很易讓人討厭的顏色。因為，此種顏色缺乏活潑感。

討厭這種顏色的人，頭腦靈光，行動乾脆俐落。他們甚至會執著於某一事物上，眼光總是向著未來。此種人，易對感受豐富，思想進步的人傾心。

討厭粉紅色的人

熱情，且易對社會上不合理的事情憤憤不平的人。瞧不起一味地自我滿足的人。比起個人，此種人更會考慮到社會全體。

這種人易對能與朋友做友誼性論戰的異性傾心。

討厭綠色的人

討厭這種顏色的人，往往是，「凡事不求甚解，不願深究」的人。又，也有無法忍受平凡事物的傾向。因此，從事能充分發揮自己才能的工作較好。

此種人易對年紀較大、可靠的異性傾心。

第四章　表現在禮物上的自我

●下意識中所選擇的——

禮物是與人溝通的重要手段。生日、情人節、紀念性節日等，都是送禮物的機會。

最近，或為發揮玩心，或做個性上的表現，禮物帶給人的樂趣更多。但，由於商品種類過於繁多，因此，選購禮物時，個人的感覺是非常重要的。不論是送禮給人或被送禮時，都可做為瞭解一個人的線索。

Q 1 他送給你什麼禮物？

你生日時，你的他是送給你下列中的哪樣禮物？又，你希望他送給你下列中的哪樣禮物？

A、花束。
B、飾品。
C、手錶。
D、衣服。
E、小東西。
F、CD。

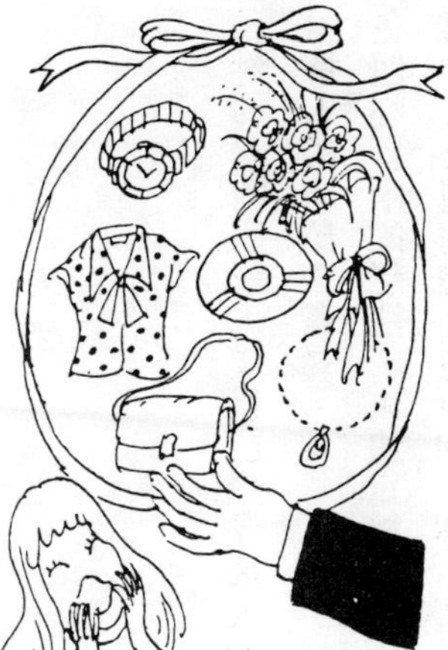

A 1 看透他的內心

〈解說〉

送人禮物時，在禮物選擇上，我們常會憑自己對那人的印象，或自己想像那人的喜好來決定。而愈是與我們親密的人，我們愈會憑著對那人的印象來選擇。

因此，你的他在送禮物給你時，也是憑著你在他心目中的想法，來決定禮物。因此，藉由禮物，就可知道，你的他對你的想法。而藉由你所希望的禮物也可知，你希望他對你的看法為何？

〈診斷〉

A、花束

他打心底認為，你是個美麗，有女人味的女人。男人送給女人的禮物中，最受歡迎的就是花。「花」是女性美的表徵，象徵著美麗和清純。

B、飾品

他希望你能更瞭解他，更瞭解他的誠意。藉著你配戴他送的飾品，能使他獲得安心感。

C、手錶

送高級且希望你能隨身攜帶的手錶之男性，有著兩個目的。一是誇耀自己的財力，另一是，希望一直獨占你。

D、衣服

要抓住一個人對衣服的喜好實非易事。所以，送衣服的男性，可說是很自我的人。也就是，他是憑著自己的興趣來決定你的喜好。

尤其是，他買衣服時沒有帶你去的話，你大可以認定，他是個專斷的人。

E、小東西

他對於你很漠然無知。雖然他受你未知的部分吸引，但，對你實在很不瞭解。

F、CD

他是以精神上的滿足感為第一考量的人。他很仰慕你。藉由音樂來表達對你愛慕之意的他，是個很浪漫的人。他也是個很尊重你的意志的人。

Q2 用花來表達心意的方法

第一次到「他」家時，任誰都會心跳不已吧。如果你打算去「他」家時帶束花去，你會買哪種花？

A、玫瑰花。

B、玫瑰花以外的花。

C、花籃。

D、盆栽的花。

A 2 花能強調印象

〈解說〉

初次被邀請到「他」家時，恐怕誰都會為帶什麼禮物傷透腦筋。首先，妳一定是考慮「他所喜歡的東西」吧，可是，能在這個時候花點心思，送份讓他們全家人都喜歡的禮物者，才是聰明的女性。

近來，贈人以花的習慣愈來愈普遍，花的銷售當然愈來愈好。我們能夠從你所選擇的花，看出你的感覺和性格。現在，讓我們來看看，你給周遭之人什麼樣的印象。

〈診斷〉

A、玫瑰花

散發著一股華麗氣氛的玫瑰花，是最受人歡迎的禮物之一。選擇此的人，能直截地傳達自己的感情，是既熱情又活力充沛的女性。能留給他人好的第一印象。若能在包裝上加條緞帶，凸顯你的感覺的話，更能給人強烈的印象。

B、玫瑰花以外的花束

種類豐富，顏色搭配得宜的花束，能清楚地表達你的個性。選擇此的人，多為好惡明顯，富於個性的人。

可是，若強調自己的心情過份強烈的話，反而會遭誤解。因此，你若不很清楚對方的性格和喜好的話，選擇色調搭配的較溫和的花束較安全。花色的均衡也是非常重要的。

另外，也要注意花所代表的意義。

C、花籃

花籃，可省去受贈者整理花的時間，且馬上可擺著當成裝飾品，所以，很受人歡迎。

對忙碌的人或病人來說，這是一個非常周到的禮物。尤其是，插在花籃裡的花，多是以小朵可愛的花來組合，藉此，你也可以給人一種「既溫柔又可愛的女性」之印象。

D、盆栽的花

比起馬上就會枯萎的切花，能屢屢開花的盆栽花，更讓人感到生命力。

以盆栽花為禮物的女性，具有栽花的意識。也就是說，此種女性多為穩重且有著長期展望意識的人，能讓人感受到母性面的魅力。

Q 3 禮物心理學

如果你要送禮給曾在工作上關照過你的人，你會送什麼禮物呢？請從下面中選擇其一。

A、酒、威士忌。
B、食品。
C、襯衫。
D、領帶、襪子。
E、特殊的禮物。

A3 領帶代表著支配慾

〈解說〉

每年到了歲末年初送禮季節時，就有很多人為「今年要送什麼才好？」煩惱著。在百貨公司的禮品區，常可見到東看西望，拿不定主意的人。

選擇什麼樣的東西當禮物，說明了一個人的興趣和人品。亦即，禮物可透露出一個人的觀點。

〈診斷〉

A、酒、威士忌

以酒類為禮的人，多半是送給與生意有關的人。此種人有著強烈的向對方表達，感謝蒙其照顧且希望以後更加關照他的心理。

B、食品

贈人食品的人，針對的不是一對一的關係，而是顧及對方家人的人。這種人希望藉著濃厚的關懷情意，獲得對方家人的喜愛。

C、襯衫

送襯衫給與你感情親密的人，乃表示有永遠以對方為念的意志。

長輩或上司送襯衫與你的話，表示你是受對方信賴的人。

D、領帶、鞋子

贈人領帶、鞋子的人，有著想牽著對方鼻子

走的意思。多半是支配慾強、專斷獨行的人。與人交往時，總強調自己的原則。

E、特殊的禮物

以各地的名產，或只有在特定商店才買得到的商品，或與興趣有關的商品等，做為贈禮的人，希望對方理解自己的心情很強，且對對方的期待也很大。這類型的人，也期望得到對方的感謝之詞，或回禮。

Q 4 你喜歡哪種窗帘？

若要為這間房間裝窗帘，你會選用哪種窗帘？請在下面之中選擇其一。

A、簡單樸素的窗帘。

B、方格子的窗帘。

C、有花樣的窗帘。

D、百葉窗。

A4　社會生活意識的不同

〈解說〉

讓房子具有什麼樣的氣氛，是生活中至為重要的問題。尤其是在自己的「王國」裡，哪種環境最能讓自己的心情安定，此點也反映在對窗帘的喜好上。

窗帘是探知房子裡的氣氛之線索。你也可以回憶一下，掛在你所在意的那人家中的窗帘，然後加以判定。

〈診斷〉

A、簡單樸素的窗帘

在自己的房裡，裝上簡單樸素窗帘的人，屬於想輕鬆度過私人時間的類型。雖然在外頭時，喜歡熱熱鬧鬧，可是在家時，卻想靜靜的休息。

第四章　表現在禮物上的自我

B、方格子的窗帘

喜歡方格子窗帘的人，精神處於安定的狀態。屬於慎重、安全的類型，不喜歡與人爭奪。喜歡大方格的人，此種傾向愈強。

C、有花樣的窗帘

即使在私人時間，也是優雅度過的好打扮之人。因此，休假日時也會穿的整整齊齊的。此種人頗具社交性，擁有寬大的心胸接受各式各樣的人。

D、百葉窗

在自己的屋裡裝百葉窗的人，是把工作時間和私人時間分得很清楚的人，討厭受人干涉。又，此種人的思考方式總是既冷靜又合理，因此，給人冷峻不易親近的印象。

Q 5 如果是你，你會怎麼做？

人們常說：「在邏輯上雖有誤，但在直覺上卻沒有誤。」乍見、乍聽之下時，最先浮上腦中的想法，常是你判斷上的依據。下面的各問題，你的回答是什麼？

1　現在，有個女性要為某男性的杯子倒入咖啡。請問，杯內本還有多少咖啡？請選出最接近你憑直覺所回答的答案。

A、八分滿的程度。
B、幾乎滿滿的。
C、約有半杯的程度。
D、一點點。

。

2 電車裡，有個女性打著盹，坐在她身邊的，是個正在看報的男性不久，她就傾靠在這男性的肩上了。你認為，該男性會採取什麼樣的態度？

A、稍挪一下身體，希望她會醒來。

B、雖露出不悅之色，其實內心很高興。

C、站起來，換個位置。

D、開口要她注意。

③ 你在月台上，急急忙忙的跑著，突然，你撞到一位女性，害得她紙袋裡的橘子掉了一地。

這時，你會怎麼做？

A、雖快趕不上電車，仍幫她撿起橘子。

B、認為是對方不對，照舊跑著去趕車。

C、說聲「對不起」就走了。

D、幫忙撿幾個，就走了。

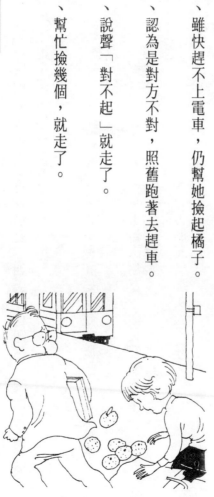

4 你知道眼前的這位小姐正在戀愛，如果你得知你一個很有錢的朋友要被安排和她相親，你會怎麼做？

A、認為戀愛和結婚是兩碼子事，沒關係。

B、馬上告訴朋友，他正在戀愛中。

C、忠告朋友，那女人不好。

D、隨朋友怎麼做，不管他。

5 你很想聽杜鵑的鳴叫聲，可是，杜鵑卻始終不開口叫，這時，你會對杜鵑說什麽？

A、再不叫，我就殺了你。

B、你遲早會叫的，我等著。

C、你一定會叫的，對不對！

D、我好喜歡你喲，杜鵑！

6 辦公室裡，有兩、三個男職員圍著一個ＯＬ談著話。他們究竟在談什麼呢？

A、關於新進男職員的事。

B、正在說明與工作有關的事。

C、在罵後輩。

D、關於迎新的事情。

7 你進到店裡，想買一個法國一流名牌的皮包，妳會買哪一個？

A、肆仟元的港製贗品。

B、伍仟元，但終究是台灣製的贗品。

C、壹萬元的法製真品。

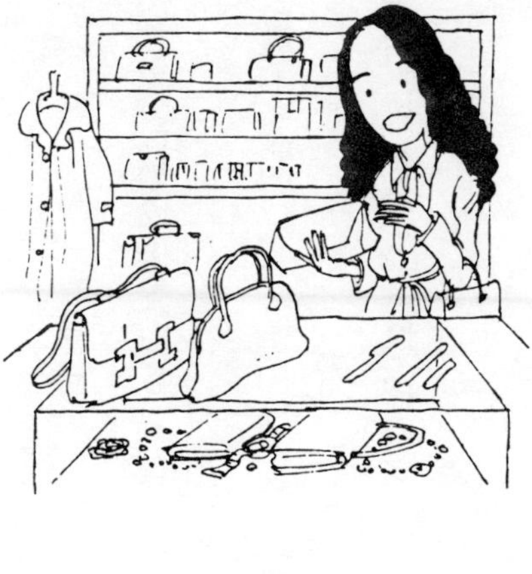

8 你到百貨公司購物，看到一件妳極喜歡的衣服。可是，你身上帶的錢卻不夠。這時，你會怎麽做？

A、先付一點訂金，稍後再來取。

B、算了，不買了。

C、立刻打電話叫母親或誰，送錢來。

9 假設你跟兩個男性一塊搭計程車。你們三個都是很好的朋友。請問妳會坐在哪個位置？

A、司機旁邊。

B、最右邊的位置。

C、中央位置。

D、靠近入口的位置。

10

請問，是誰要送給誰花呢？

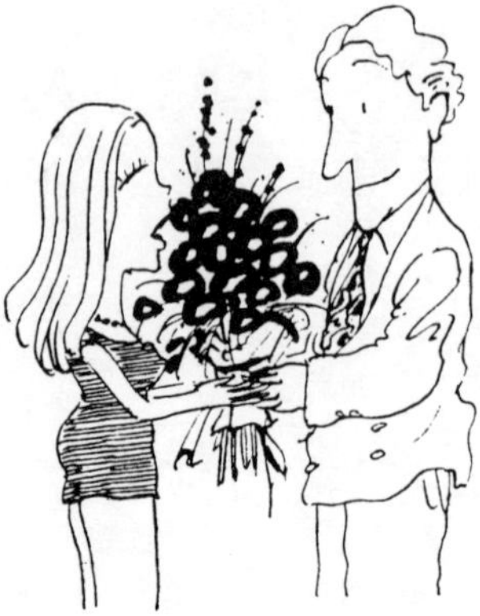

A、男性送花給女性。

B、女性送花給男性。

C、他人送給兩人的花。

11　一名女性站在陽台，對外面的男性說著些什麼。然後，男性答說：「我知道了。」

請問，這名女性究竟對男性說什麼？

A、下禮拜再來喔！

B、不要再來了。

C、我馬上就下去，請等一下。

12 一名男性向窗外的女性揮揮手。你想女性的回答是什麼？

A、不行啦！

B、等一下！

C、好棒！

D、混蛋！

A 5　判斷你的幸運度

〈解說〉

人因思考、行動模式之不同，受幸運女神眷顧的程度也不同。你是個受幸運女神眷顧的人嗎？讓我們來檢測一下你的「幸運度」吧。

〈診斷〉

依得分表算出你的得分，判定你是A～E的哪一類。

A——71～84分
B——56～70分
C——42～55分
D——27～41分
E——12～26分

答／問	A	B	C	D
1	8	1	3	5
2	5	8	1	3
3	8	1	3	5
4	5	3	1	8
5	8	5	3	1
6	3	5	1	8
7	3	1	5	
8	3	5	1	
9	5	3	8	1
10	3	5	1	
11	3	1	5	
12	1	8	5	3

A、百分之九十的幸運度

你有機會讓你如願以償的做你一直想做的事，或希望得到的東西。

你現在處於非常安定的狀態中，所以你有餘暇去瞭解周遭人的心理，也能顧及周遭的事。你的周遭氣氛常因你的一句話，變得開朗、活潑起來。

在此種開朗、活潑的氣氛中，你或你的周遭之人必能得到幸運女神的眷顧。

B、百分之七十的幸運度

你雖不能馬上得到你想要的結果，但只要你不斷努力，必能如願以償的。

你有著很大的夢想，對新事物也總是興緻勃勃。你的強烈意欲會招來幸運。

又，藉著你本身的體驗，你向周遭之人證明了只要肯努力，必能實現其夢想。

你給周遭之人的影響非常的大。只要你肯努力，就可使自己或周遭之人，招來幸運。

C、百分之五十的幸運度

你會不會覺得你現在的生活過於老套？又，你有沒有想過別再做無謂的事，好好的過安定的生活呢？

你雖不致於遭致不幸，但也別太期望會有驚人的幸運到來。你應訂立目標，努力的朝目標去做。

你偶而會有所失敗。不過，只要你不氣餒，更加努力，情況終會好轉。幸運自會降在你身上。

D、百分之三十的幸運度

你很想去實現你的理想，可是總是半途而廢。這也是幸運不到來的原因。

你有必要提起幹勁，有耐性的去實現你的理想。只要你的意志夠堅強，幸運必會到來。

E、百分之十的幸運度

你是個善變、情緒不穩定的人。也就是說，你非常沒有耐性。另外，你認為孜孜不倦的去做平凡的事情，與自己的性格不合。其實，這也正是你的缺點——幹勁不足。

對你而言，最重要的就是持之以恆。只要你能夠隨時保持少女般的清新心情，幸運自會到來。

Q 6 離了吃，還談什麼人生！

不管是在電視或雜誌上，「吃」的廣告最受人歡迎了。離了吃，人就活不了了。你每天都吃些什麼呢？

1 公司舉行的年終宴會場上，各角落擺著各樣美食。你會先到哪個角落去取食呢？

A、擺著炸蝦的角落。

B、擺著烤牛肉的角落。

C、擺著壽司的角落。

2 你是不是會出席所有受邀的宴會？

A、只要受邀就一律出席。

B、只出席場地較棒的宴會。

C、全都不出席。

3 如果你要在房裡看書的話，請問你會在哪兒看？

A、火爐邊。

B、床鋪上。

C、窗戶旁。

4 如果你和戀人圍著被爐聊天，你會採哪種坐法？

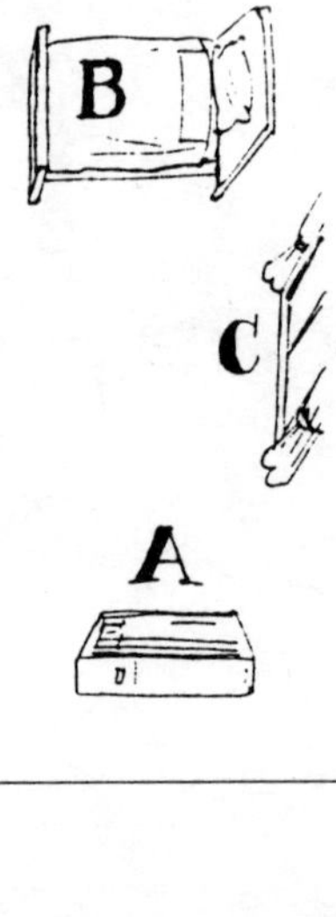

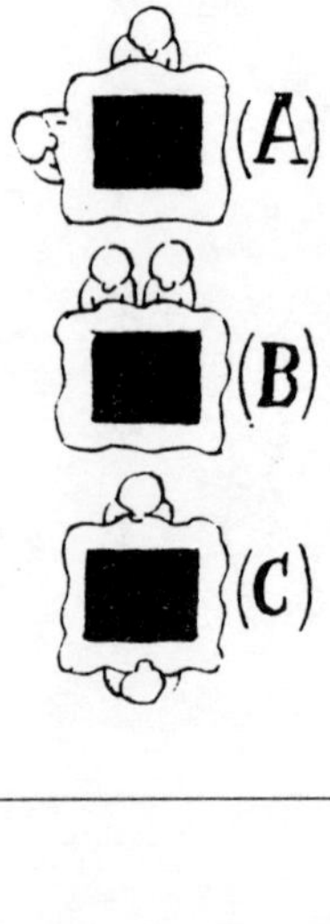

5 如果你和朋友一起去吃肉食，你會想吃什麽樣的肉食？

A、邊燙邊吃的肉。

B、鐵板燒。

C、烤肉。

6 在火車上，你會怎樣解決午餐？

A、吃便當。

B、到餐車吃。

C、等到站了再吃。

7 寒假時，你希望安排什麽之旅？

A、溜冰或滑雪之旅。

B、溫泉之旅。

C、美食之旅。

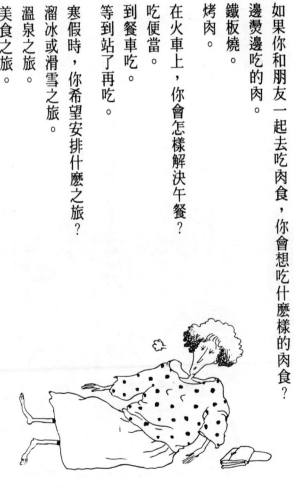

8 你在冬天最想吃的食物是什麽？
A、紅豆湯。
B、年糕。
C、法國燉菜。

9 請在下面中選出一種你最喜歡的黑輪材料。
A、蘿蔔。
B、三絲丸。
C、蒟蒻。

10 看電視時，你多半會吃些什麽？
A、橘子等水果。
B、餅乾或糖果。
C、喝茶。

11 在寒冷的星期天，你會以什麼樣的裝扮出門？

A、就像平常的樣子。

B、穿很厚的防寒衣。

C、儘量不出門待在家裡。

12 最近曾發生讓你愉快或不愉快的事嗎？

A、沒有不愉快，都是愉快的事。

B、既沒有愉快也沒有不愉快的事。

C、只有不愉快的事。

13 你會在晚上九點以後吃東西嗎？

A、常常。

B、沒有。

C、偶而。

14 你的走路姿勢如何？

A、挺胸。

B、駝背。

C、兩者皆非。

15 你會想減肥嗎？

A、會。

B、不會。

C、有時會有時不會。

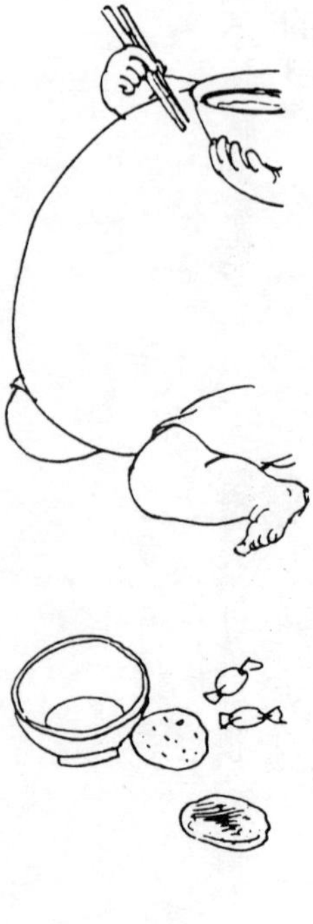

A 6

你的體型是不是變胖了？

〈解說〉

有人說：「成人病是習慣病」，因此，如果不能痛下決心改變每天的生活習慣，就難以和肥胖說再見。

每天，人最少有兩次進食的機會。

吃些什麼？怎樣吃？與你是否會變胖、變瘦有極大的關係。

最近，不僅要苗條且要健康的想法，普遍於女性間，千萬別讓你走往肥胖之路。

〈診斷〉

依得分表，合計你的總分，判定你是A～E中的哪一類。

A—15～25分
B—26～37分
C—38～51分
D—52～64分
E—65～75分

	A	B	C
1	3	5	1
2	5	3	1
3	5	3	1
4	3	5	1
5	1	3	5
6	3	5	1
7	1	5	3
8	5	3	1
9	3	5	1
10	3	5	1
11	3	1	5
12	5	3	1
13	5	1	3
14	1	5	3
15	5	1	3

A、相當瘦型

你相當的苗條。你常擔心那、擔心這，結果因壓力過大導致食慾不振。加上你有意的節食，使得你太過於瘦了。你的身體狀況還好，只是偶而會有拉肚子、失眠等情形發生。對你來說；最重要的就是不要過份的勉強節食。你若再不正常用餐，一味地節食的話，健康就會亮起紅燈。

注意營養的均衡，在一定的時間用餐，是你首要做的事。

B、稍瘦型

你的體型已接近瘦型了。你為減肥所做的種種努力就要開花結果了。現在你的性格也正在逐漸接近瘦型的類型。不久的將來，必會出現令人吃驚的減肥效果。

只要照著現在的步調去做，不論對你的體型或心理都是有益的。只是不能過於勉強，否則會有副作用。平日多加注意必能使你接近理想體重。

C、安定型

你是所謂的最理想體型的人。倒也不是你很重視這方面的事，而是因為你本來就是個享受適度運動、適度工作，活得有幹勁的生活方式的人。對於煩惱、壓力，你都會適當的予以排解。

你是個絕不會忘記，努力去接近自己所追求的理想類型的人。帶著自信照著現在的步調去做吧，在注意身體之外，你也要重視人際關係。

D、稍胖型

你是稍微掉以輕心體重就會急劇上昇，稍吃多點就會變胖的人。

尤其是外出旅行、出席宴會等，與平日生活步調有所不同時，你更容易變胖。

你有必要經常檢視每天的飲食生活。又，如果你不滿於平淡的生活，想要有所變化的話，反而對你不好，你千萬要注意此點。

總之，你首要過有規律的生活，及注意飲食生活。

E、肥胖危險型

現在的你很不注意健康，若再這樣下去就不妙了。有時候你會因心情不好，疏忽了三餐，有時候你又會因餓過頭，大吃一頓，如此一來，在不知不覺中，你的體重就一直往上昇……。

你首要做的就是大幅地改變你的心情。養成規律進食的習慣。不要意志不堅，忍耐地持之以恆吧。

第五章

表現在行爲上的自我

●不知不覺中——

我們都知道，「行為」可說明一個人藏在心底的願望和不滿。

當討厭的傢伙出現眼前時，為什麼我們會不知不覺的挪開視線？而又為什麼看到吸引人的異性時，我們的眼睛會為之一亮呢？

「行為」比「言語」更能直截地表達出一個人的願望。

現在，就讓我們根據法國心理學家弗爾夫及貝魯傑的研究，對行為做科學性的分析。

Q1　你是如何打招呼的？

學校的老師常說：「跟人打招呼是應有的禮儀。」但是，當身體不舒服、或心中有所煩惱時，我們就會懶得跟人打招呼了。

請問你，你是怎樣跟人打招呼的？

A、舉起手打招呼。
B、鞠躬式打招呼。
C、稍點點下顎，表情不變。
D、邊碰對方的肩或手邊說「你好」。

A 1

碰對方肩或手的人依賴心強

〈解說〉

在「人際關係」裡，一般人較重視的是外表上的打扮。其實，「打招呼」在人際關係裡，可說是心理上的「打扮」，其給與他人的印象是好是壞，都會影響到他人對此人的人品判斷。

〈診斷〉

A、舉起手打招呼的人

邊舉起手邊說「早安」或「××先生，你早」的人，是不滿足於只用言語的人，很重視行為動作，屬於愛關照他人的社交型。此種人即使是與初見面的人，也會很快地打成一片，縱然有不高興的事，也會馬上拋到腦後。

B、鞠躬式打招呼的人

與人打招呼時，邊說「你好」邊自然向對方鞠躬的人，是個很重視與人交往的老好人。這種人絕不會對人惡言惡語，也絕不會做出讓人討厭的事，是想法保守的人。

C、稍點點下顎，表情不變的人

不是鞠躬，只是點點下顎的人，可說是個現代型人物。怕麻煩，對人的好惡很分明，不會勉強地配合對方。

脾氣彆扭，總是抱有很多的不滿。

D、邊碰對方的肩或手邊說「你好」的人

此種人有著強烈與人接觸的願望。其之所以碰對方的肩或手，不外是想與人更親密點。這種人以政治家或中小企業老闆為多。

若是年輕人，則是個開放、喜歡與人交談的人。

Q 2 你會選擇哪裡與人碰面？

有對情侶相約見面。

男的說：「在〇〇見好不好？」女的答應了。你認為他指定碰面的地方是哪呢？請憑直覺回答。

A　車站

B　公園

C 咖啡店

D 男的家門前

E 女的家門前

A2 留意戀愛的理想與現實的差距

〈解說〉

碰面地點是反映戀愛深層心理的最佳憑藉。一對情侶隨著兩人的親密度，與約會次數的增加，就會很在意約會的「地點」。

「地點」會給兩人絕大的影響。

〈診斷〉

A、車站

你期望著具有衝擊性的相遇。你嚮往著，能瞬間抓住自己的心之既酷又有男性氣概的男性。

可是，如果你若過份憧憬像電影般的相遇，就會完全忽略了眼前的好男孩了。

B、公園

你想與高眺、英俊的男性談場羅曼蒂克的戀愛。

由於你一直認為理想中的男性會出現，所以對現實中邀約你的男性，總是持著「才不會跟這種人談戀愛」的態度，而加以拒絕。

如果你能實際地享受約會的樂趣，戀愛機會必會大增。

C、咖啡店

就如同前不久流行的歌曲般……

「縱然貧窮、縱然辛苦，也會永伴隨著他……」

你是憧憬處於逆境，需要忍耐克服的戀愛的人。因此你可能會陷入不道德的戀情……。不過，能耐得住戀愛酸甜苦辣的你，必能抓住幸福的。

D、男的家門前

你是愛上一個人就恨不得分分秒秒和他在一起的人。可是，這只會弄亂了你們彼此的生活，而嚇走了對方。

即使再深愛著，也不可能時時在一起乃是現實。在不把彼此弄得精疲力盡，能享受到戀愛樂趣的原則下找出一個妥協點，才能讓愛情長久持續。

E、女的家門前

你認為喜歡你的男性，會為你做任何事。遇有障礙也會為你去除。

但是，如果你一廂情願的老是要對方照你的意思去做的話，喜歡你的人就會逃之夭夭了。你現在最重要的是把你的心意傳給對方，如果只是被動的等著對方積極的對你，戀愛就難以成功了。

Q3 那傢伙的意思究竟為何？

你比約會時間晚到了二十分鐘。從他等待的行為動作上，可知道他當時的心理。

請問，他是採取什麼樣的姿勢等你呢？從中就能看出他是否真的愛你。

A、手指放在嘴裡咬。
B、兩手交叉於胸前。
C、一手抓著另一隻手臂。
D、手插在口袋裡。

A 3 看出他的真心意

〈解說〉

人的心理狀態會表現在行為動作上。這就稱之為身體語言或非口頭溝通。

你不妨比約定時間早到，觀察他看看。

〈診斷〉

A、手指放在嘴裡咬

他也許比約定的時間還早到，已現出疲倦和無聊的模樣了。「怎樣回事？是不是爽約了？」

這時他的心中已開始焦慮了。

但是，此種不安隨著你的到來，馬上就不見了。這樣的他，對你必很熱情吧。

B、兩手交叉於胸前

一個人想要向對方發牢騷，或表示心中的不高興時，往往會把兩手交叉於胸前。此乃是一種「拒斥」的姿勢。

「我倒要看妳什麼時候才到」是他這時的心情。這種人多半是性格頑固的人。

又，這種人也多半是自以為是的大男人主義者，對於女性，他們所持的看法是：「女人最重要的是要乖巧柔順，凡事都得聽我的。」

C、一手抓著另一隻手臂

這種姿勢，女性比男性多見。

做此姿勢的男性，多是心地艮善的人。忍耐心強，就算等得再久也不會大怒。不過，依賴心也很重。

如果你問他：「怎麼辦？」時，他會以你的意見為意見。

這種人是擅於隱藏自己心情的人。

D、手插在口袋裡

他是很守時的人，總是依照約定的時間到來。且，不僅是在時間方面，在所有各方面的表現也都是規規矩矩的。

這種人在工作上很少出錯，在與人交往上也很成功，頗受周遭之人的信賴。

反之，這種人最討厭不守約定的人。所以，跟這種人約會最好不要遲到。

Q 4 檢查情侶的親密度

台北東區的午後。約會中的兩人，手牽著手走著。迎面來了一群年輕人，一面吱吱喳喳的談笑著，一面目中無人的向他們直接走來。

如果手牽著手的那兩人是你和你的男友，你們會怎麽做？你們會把手放開嗎？

A　放開手朝左右挪開。

B　兩人一起向左邊挪。

C　兩人一起向右邊移。

D　仍舊手牽著手向前進。

A4 一語道破的人際關係

〈解說〉

美國的某心理心家，曾以一起走在行人道上的兩人為對象，進行與此類似的實驗。

他的實驗是，讓一名男性（大學生）直接正面的朝兩人走去，然後觀察其反應。也就是，觀察兩人在陌生人接近時，會有什麼樣的動作。

結果就如表所示。如果兩人都是男的話，多數會左右分開，如果是一男一女，一起移動的情形較多。若是情侶的話，更是如此。

在此情況下，會趕緊放開手的情侶，不得不讓人懷疑兩人之間的愛了。

	一起移動	左右分開
男一男	9對	15對
女一女	15	9
男一女	20	4
計	44	28

對的反應（E.S.Knowles 1972年）

另外，一起移動的情侶，是向男的那邊移動？還是向女的那邊移動？所代表的意義有著很大的不同。

〈診斷〉

人的真心意，往往會在你意想不到的地方表現出來，很多人嘴裡說著「我愛你」，卻表現出正好相反的行為。

A、放開手朝左右挪開

這兩人，表面上看似濃情蜜意，其實真心意卻是完全不一樣的。

如果你和你所愛的人，會有這樣的反應，那就表示你們間的愛是沒有誠意的，而做此回答的人，可以說其心中對目前所交往的人並不是真心的。

也就是說，你們之間你我是分得很清楚的，並沒有達到水乳交融的程度。

B、兩人一起向左邊挪

以左圖中男女的位置來看，兩人一起向左邊挪，就是往女性那邊移動。

看了此圖做此反應的人，很直接的表示其很在意女性，很體貼女性。

不過，回答此測驗的人若是女性的話，表示其在下意識之中，有著希望男性凡事照自己的意思去做，及想領導對方的想法。

C、兩人一起向右邊移

回答兩人一起往右邊移動的人，如果是男性的話，表示其是個自我本位的人，不管任何事，比起為對方，更是為自己著想。這種人事事都想居領導地位，是很任性的人。

如果回答兩人一起往右邊移動的人，是女性的話，說明了她對男性有奉獻的心。

這種女性有著強烈的想保護男性，幫助男性的心意。與這種女性結婚的男性，就某方面來說，可以非常安心。

D、仍舊手牽手向前進

回答兩人仍舊手牽手向前進的人，是不在乎周遭，只以兩人為考慮而行動的類型，這也說明了此種人在下意識之中，有著即使愛情受周遭之人阻擾，也會堅持到底的想法。

但就另一方面來說，這也說明了此種人的自我本位甚強，難免與周遭之人起衝突。又，這種人的幼兒性心態未除，總是任性地行動。婚姻遭家人反對的人，多半會做此回答。

不躲不閃朝前走的人，不管做什麼事，可能都是如此的任性。而我行我素的此種人，常會引起大麻煩。

Q5 你會坐哪個位置？

車子快要開了，你才急忙跳上這列不對號的火車。接下來，你有四小時必需在車上度過。環視車內，就只剩下幾個空位了，請問你會坐在哪個位置上？

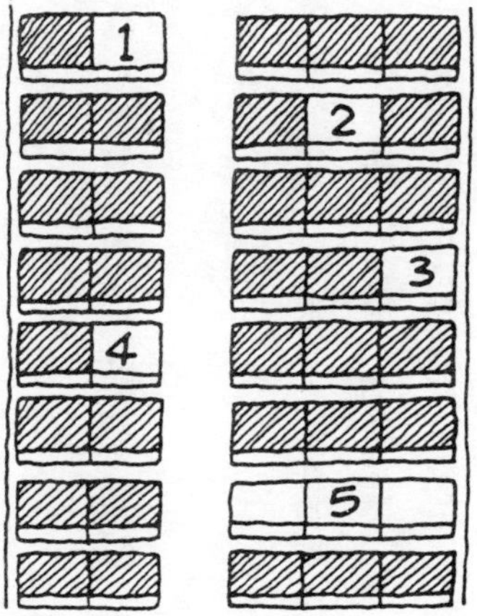

A、坐在①的座位。
B、坐在②的座位。
C、坐在③的座位。
D、坐在④的座位。
E、坐在⑤的座位。
F、到下一個車廂去。

A5 可以瞭解你的社交性

〈解說〉

再冷靜、再沈著的人，在被要求瞬間下判斷時，往往會表現出其真心意。

唯有在「無防備」的狀態時，也才能表現出一個人的社交性。

請問，你究竟會坐在哪個位置上呢？

〈診斷〉

A、坐在①的座位

你是個不拘小節的樂天派。交際廣闊，與任何人都能維持大致上的交往。此時的你，不論是在工作或人際關係上，都有很大幅度發展的機會。

你或許沒發覺，你常被人拜託幫忙，且為所託之事忙得不亦樂乎。

現在是你解消以往種種煩惱的最佳機會。也或許會有個你意想不到的人向你表明心意，讓你大吃一驚哩。

B、坐在②的座位

你時常強迫他人接受自己的想法，所以很容易與人起糾紛。你也經常不講道理的反對別人的意見。總之，你是個彆扭的人。

你的想法常不被他人理解，所以你常為被人誤解或無謂的謠言焦慮不已。此時的你，最首要做的就是，養成凡事站在對方立場著想的習慣。又，你有必要放寬心胸，努力地與人溝通。

C、坐在③的座位

你常會莫名的生氣，莫名的焦躁起來。你總認為自己的想法是對的。因而不屑與周遭之人做溝通，所以你常被孤立，變得很寂寞。你尤其易與長輩、上司起衝突，把人際關係弄的很糟。

你千萬別勉強周遭之人接受你的想法，這只會造成很不好的結果。你最好常做個聽衆，存心去幫助他人，這才是有利於你的。

D、坐在④的座位

現在的你，有著極佳的適應力。你這時有很多機會讓你去實現想做的事情。你是個不會為小事就氣餒的人，相反的，你更會鬥志昂揚的去克服它。

即使你不喜歡的人，你也會努力地與他溝通。

能讓你順利的表現自己的才能和個性的機會，不久就會到來。

E、坐在⑤的座位

現在的你，強烈的希望自己一個人，無拘無束的不受任何人打擾，也就是，現在的你不想與任何人溝通。

這也表示你有著強烈的想從工作、或麻煩的事情中解放，然後順著自己的意思過活的想法。總之，你希望日子不要過得如此忙碌。

F、到下一個車廂去

現在的你，是不是覺得做什麼事情都不順心？所以你與其去接觸新事物，不如就照著以往的方式過活。

短期之內，你可能會重複過著單調無趣的生活。因此，恐會出現心境比年齡老的危險。當然，生活的不如意會使你惴惴不安的。

對你而言，最重要的就是訂定目標。試著從旅行的計畫、學習的計畫開始著手吧。

Q6 從行為上了解的適合旅行程度

不論是國內旅行或海外旅行，「一個人旅行」的風氣日益盛行。不受行程的拘束、照自己的意思安排旅程，投宿在自己喜歡的旅館等，都是「一個人旅行」受歡迎的原因。但是，一個人旅行也有其危險之處。在此，讓我們檢查一下你的「一個人旅行」的可行度有多少吧。

如果你和三個好友在旅行途中搭計程車，你會坐在哪個位置？請選出一個來。

A、司機旁邊的位置。
B、司機後面的位置。
C、後坐的正中間。
D、後坐的右邊。

D
C
B
A

A 6　在團體中所表現的角色意識

〈解說〉

很多國家不准乘客坐在司機旁邊的位置。除顧慮乘客的安全外，與計程車司機遭狙擊的強盜事件也有關吧。

在此，姑且不論年齡和地位，當有四人共乘計程車時，一般就有如下的傾向。

〈診斷〉

A、司機旁邊的位置

你是會做好自己份內工作或角色的人。即使你有所不願，也會很有責任的做好它。你甚少找人幫忙，總是把事情的程序安排好，然後努力的做好它。

如果你一人到海外旅行，很快的就會找到志趣相投的同伴，然後邊拿著導遊手冊，邊享受旅遊的快樂。不過，你若忙著交朋友，可能就沒有什麼時間享受旅行了。

B、司機後面的位置

你的自尊心很高，不喜歡照他人的話去做。

你並不適合一個人去旅行。你若不是和合得來的人，或瞭解自己的人一起行動就會有所不安。但是，若一個人旅行，你又會唯恐自己迷路、錯過目標而焦慮不已。

C、後坐的正中間

你是個怕寂寞的人，因此你根本無法一人去旅行。你喜歡和團體一起行動，如此你才覺得有所依賴。如果你一人去旅行，你定會迷路且把自己弄得很狼狽。若想享受旅行之樂，你最好參加團體旅行。

D、後坐的右邊

你是個喜歡照顧人、行動乾脆的人。不管做什麼事，你都很積極，且能處理得很好。若是團體旅行的話，你必是受同伴信賴的人。

你事事小心，所以不會受到大傷害。你很適合一個人旅行，即使迷路或遭遇困難，你都會設法解決。

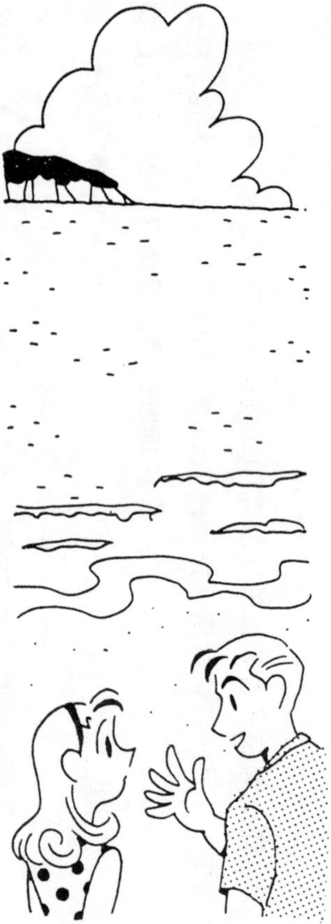

Q 7 隱藏在你心中的慾望

此測驗是要知道你對性的潛藏慾望度。

從此測驗中可知，你對性是積極的？還是沒興趣？

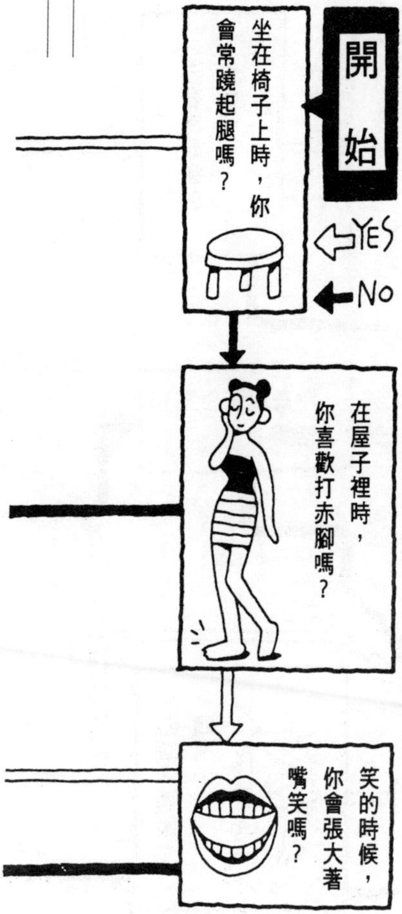

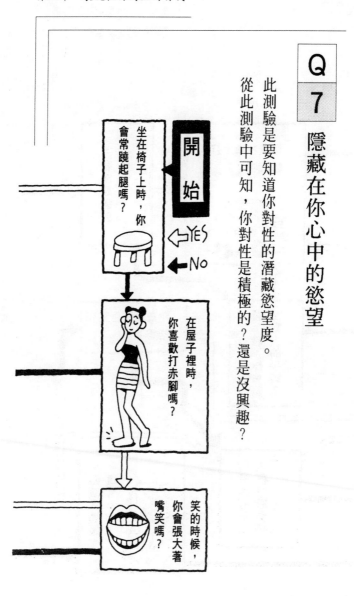

開始
坐在椅子上時，你會常蹺起腿嗎？
YES
NO
在屋子裡時，你喜歡打赤腳嗎？
笑的時候，你會張大著嘴笑嗎？

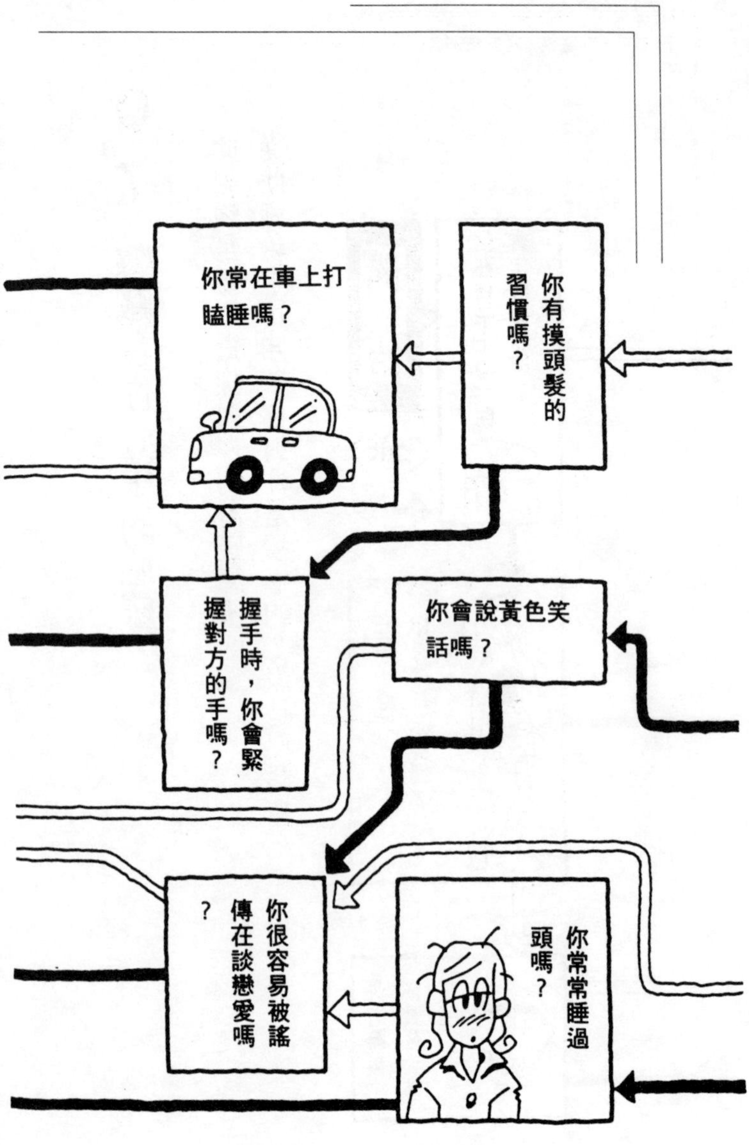
你有摸頭髮的習慣嗎？
你常在車上打瞌睡嗎？
握手時，你會緊握對方的手嗎？
你會說黃色笑話嗎？
你常常睡過頭嗎？
你很容易被謠傳在談戀愛嗎？

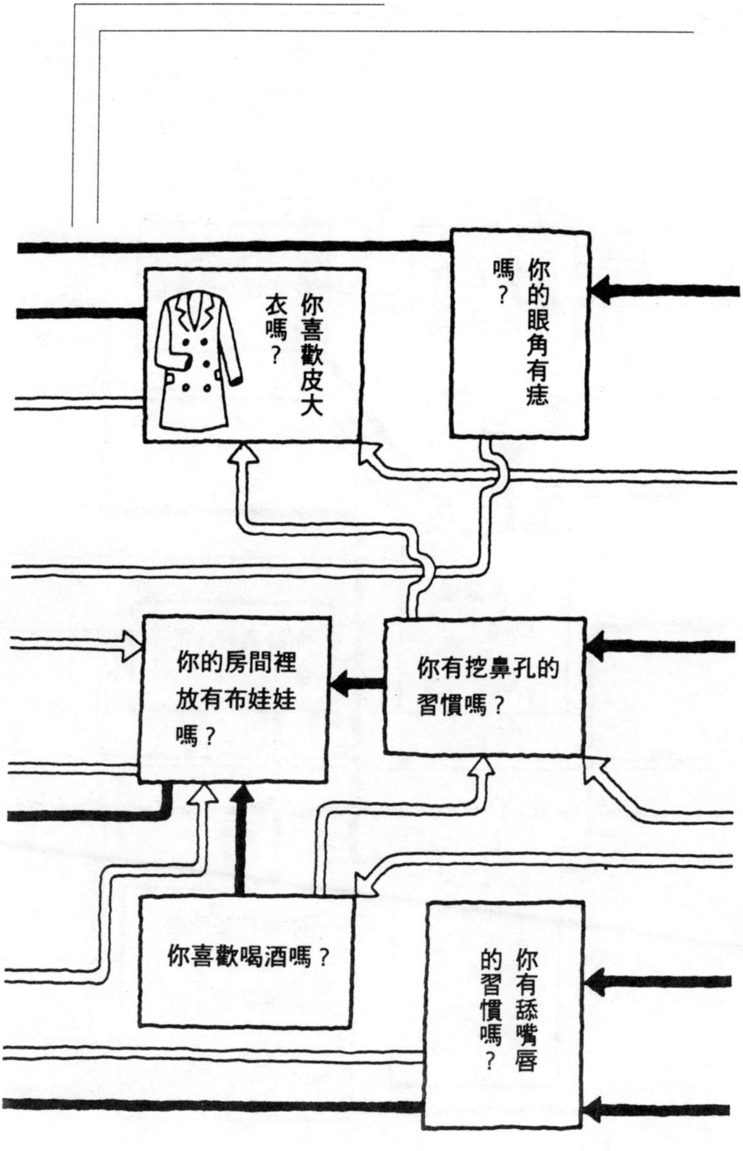
你的眼角有痣嗎？
你喜歡皮大衣嗎？
你的房間裡放有布娃娃嗎？
你有挖鼻孔的習慣嗎？
你喜歡喝酒嗎？
你有舔嘴唇的習慣嗎？

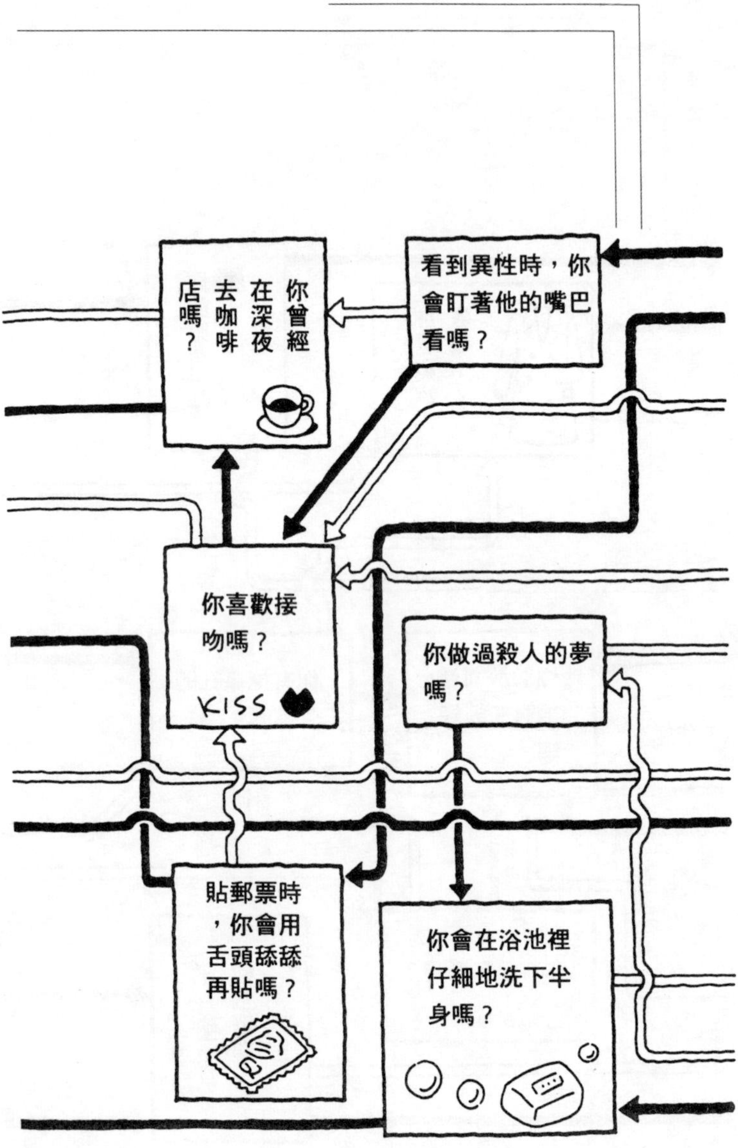
看到異性時，你會盯著他的嘴巴看嗎？
你曾經在深夜去咖啡店嗎？
你喜歡接吻嗎？
KISS
你做過殺人的夢嗎？
貼郵票時，你會用舌頭舔舔再貼嗎？
你會在浴池裡仔細地洗下半身嗎？

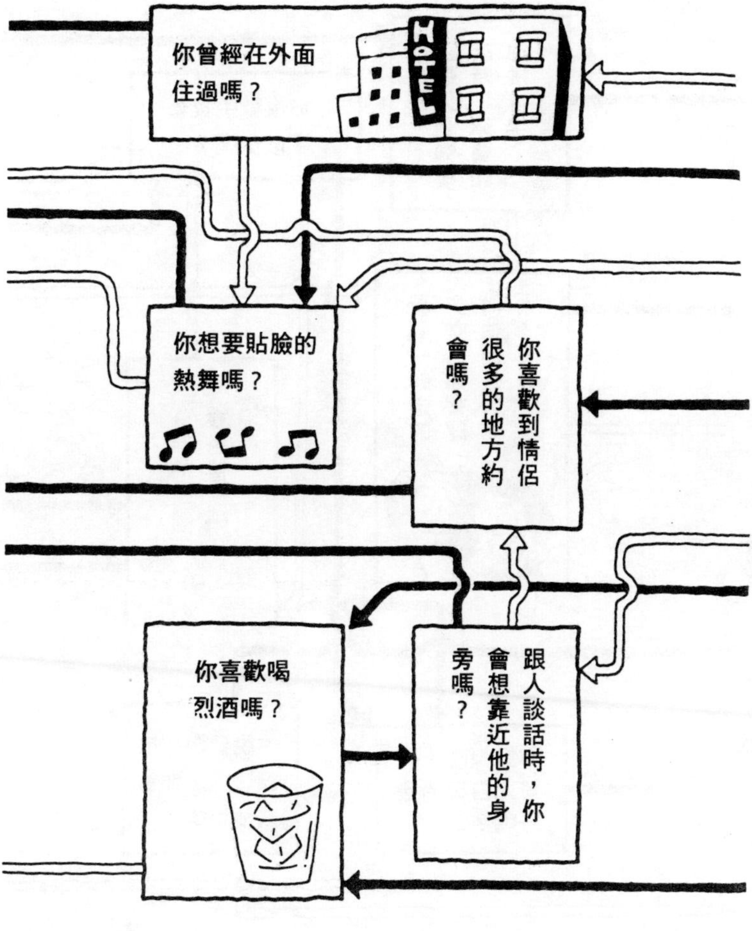
你曾經在外面
住過嗎？
HOTEL
你想要貼臉的
熱舞嗎？
你喜歡到情侶
很多的地方約
會嗎？
你喜歡喝
烈酒嗎？
跟人談話時，你
會想靠近他的身
旁嗎？

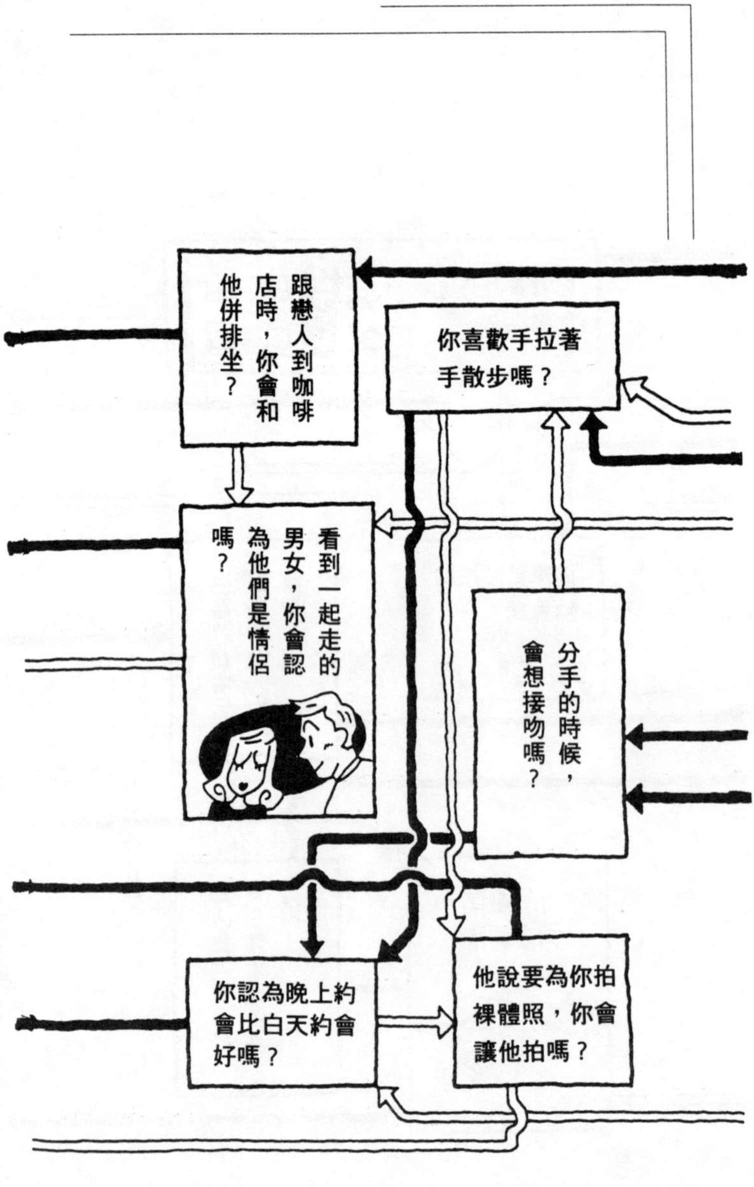
跟戀人到咖啡店時，你會和他併排坐？
你喜歡手拉著手散步嗎？
看到一起走的男女，你會認為他們是情侶嗎？
分手的時候，會想接吻嗎？
你認為晚上約會比白天約會好嗎？
他說要為你拍裸體照，你會讓他拍嗎？

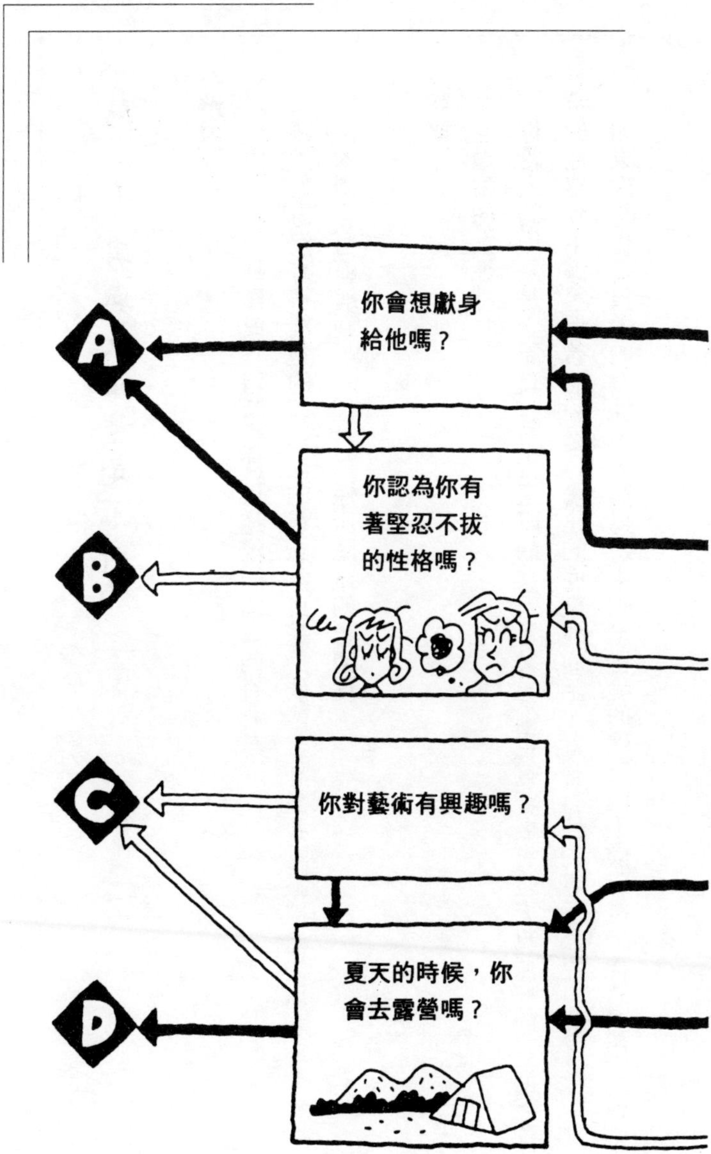
你會想獻身
給他嗎？
你認為你有
著堅忍不拔
的性格嗎？
你對藝術有興趣嗎？
夏天的時候，你
會去露營嗎？
A
B
C
D

A7 男與女畢竟是不同的

〈解說〉

藉由一個小動作或一句話，就可透視一個人的真心意。雖然對方沒有很清楚的表示他的意志，可是仍能藉著許多要點識破他的內心。

從本測驗可瞭解到，一個人對性所隱藏的慾望度。

〈診斷〉

A類型的女性

你給人的印象是：認真且重視家庭的女人。又，你也有著老實且天真無邪的一面。你雖曾對性感到不滿，但若體驗過有變化的性樂趣的話，就會對性的看法為之一變。

如果你是生過孩子的女性，尤其易追求刺激冒險的性，四十歲以後，你若體驗過性刺激的樂趣，就會變成隨便跟人談戀愛的女人了。

如果丈夫在性方面無法滿足你，你就會紅杏出牆。不過從另一方面來說，你是能讓男性享受到最高樂趣的女性。

A類型的男性

你看起來是個很正經的人，可是在性生活方面，宛如變成另外一個人似的。當你被工作或社會責任束縛時，不會表現出淫亂的慾情，所以很給人安心感，可是環境一變，此慾望馬上就會表現出來。

一旦受到女性的同情，或女性的溫柔對待，你就會把潛在的淫亂慾情表現出來。

又，你若碰到個人盡可夫的女性，就更無法壓抑你的理性了。不過，你結婚後，卻可能做個很好的丈夫。

B類型的女性

你雖認為「非壓抑不可」，卻仍做了性慾望的俘擄。看到男性時，你會想像他裸體的模樣，及他擅不擅於做愛。

其實你是個感覺敏銳有智慧的女人，可是一旦接觸到性，就啥也忘了，甘願做性的俘擄。

你不滿足於一個男人，所以你大大的有可能追求冒險刺激的性，也就是，你紅杏出牆的可能性很大。

B類型的男性

對於性，你是無法自我控制的。明知道不可以，卻仍情不自禁的去要求女性。

當你追求一位女性時，是專心一意的，可是一旦和該女性發生關係後，馬上就會移情別戀。

你不會只以一個女人為滿足，你會一個接一個的換。總之，你是個很會見異思遷的人。對於性，你總是興緻勃勃的。因此，婚後兩、三年，就會移情別戀，追求年輕的女性。

只要性生活一出現不適應的情形，你馬上就會換對象。

C類型的女性

這是最常見的女性類型。雖對性稍有慾求不滿，但不會在行動上表現出來。而且，很懂得控制自己的慾望。這類型的人常在婚後，才得知性的樂趣。

在床上，講求的是氣氛及男性的溫柔對待。不喜歡過於大膽的行為，也絕不會主動地去要求做愛。

屬於此類型的你，給人不脫常情的平凡印象。若是你有大膽的行為，也是因對方的男性引導的好的緣故。

C類型的男性

你對性有著冒險的心，但會以理智來壓抑，因此，你不會沈溺於性事中。

如果你沒有意思和所交往的女性結婚，你絕不會和她發生性關係。

你雖然性衝動，但不會付諸實行。因此，女性會對你有所不滿吧！

組成家庭之後，你會很顧家，不會引起家庭糾紛。最多，你只會對酒吧或夜總會的小姐調調情而已。

D類型的女性

在性方面，你相當的不成熟，且你認為性是不潔的。「在結婚之前不可與人上床」是你堅持的原則。

你很怕男人碰你，你甚至認為接吻就會有懷孕的可能，一旦被男人握了手後，你不趕緊洗手就會渾身不舒服。你很討厭談性，結婚後，對性事也是很淡漠，絕不會積極地要求性。

只要男性有一次讓你信不過，你就永遠也磨滅不了此印象。所以新婚之夜時，你是讓男性頗棘手的人。

D類型的男性

你很認真，對性很能發揮自制力。你具有頑固的一面，對女性很嚴厲，對於性也是露骨的表示嫌惡感。此種硬派作風，當然不受女性歡迎。結婚後的你，相當有責任感，是個很顧家的人。

在床上，你不是個很好的主導者，所以常讓伴侶不滿。這時讓伴侶居主導地位較好。但是，若伴侶真的主動要求性，你又很難以接受。

你會堅守著一個女性的原則，絕不會對其他的女性動心。所以，你絕不會有婚外情的情形發生。

大展好書 好書大展

大展好書 好書大展